瑞佩尔　主编

新能源电动汽车维修
彩色图解教程

XINNENGYUAN
DIANDONG
QICHE WEIXIU
CAISE TUJIE JIAOCHENG

化学工业出版社

·北京·

该书强调方法应用与实战经验,不讲结构原理,不过多地强调资料数据,所有图文围绕高压系统及电动汽车特有的结构部件的拆装、检修与诊断方法展开,并融入大量的一线维修案例作为参照。

全书图文对照,全彩印刷,阅读起来赏心悦目,轻松易懂,实为新能源电动汽车维修技术入门学习的首选读本。本书不仅可以作为广大新能源汽车售后技术人员的入门教材自学参考,也可以供各汽车院校新能源专业的相关课程作为辅助教材使用。

图书在版编目(CIP)数据

新能源电动汽车维修彩色图解教程 / 瑞佩尔主编. 一北京:化学工业出版社,2019.3(2025.1重印)
ISBN 978-7-122-33849-5

Ⅰ.①新… Ⅱ.①瑞… Ⅲ.①电动汽车-维修-图解
Ⅳ.①U469.72-64

中国版本图书馆CIP数据核字(2019)第025531号

责任编辑:周 红　　　　　　　　　　文字编辑:陈 喆
责任校对:张雨彤　　　　　　　　　　装帧设计:王晓宇

出版发行:化学工业出版社(北京市东城区青年湖南街13号　邮政编码100011)
印　　装:北京建宏印刷有限公司
787mm×1092mm　1/16　印张12　字数261千字　2025年1月北京第1版第9次印刷

购书咨询:010-64518888　　售后服务:010-64518899
网　　址:http://www.cip.com.cn
凡购买本书,如有缺损质量问题,本社销售中心负责调换。

定　　价:88.00元　　　　　　　　　　　　　　　　　　版权所有　违者必究

前言
FOREWORD

  2012年国务院出台《节能与新能源汽车产业发展规划（2012—2020年）》，提出了新能源汽车行业具体的产业化目标：到2020年，纯电动汽车和插电式混合动力汽车生产能力达200万辆、累计产销量超过500万辆。

  截至2017年年底，我国新能源汽车累计销量达到180万辆，在全球累计销量中超过50%。无论是销量、增速还是全球市场份额，我国均为世界第一。从2015年开始，我国已经连续三年位居全球新能源汽车产销第一。

  新能源汽车在我国的发展可谓如日中天，这不仅将改变整个汽车市场格局，也为汽车维修服务行业及售后市场带来更大的机遇和挑战。

  从传统燃油汽车转变到新能源汽车的维修，其实并没有多大的不同与困难。唯一要关注的就是高压安全问题及高压系统与部件的维修诊断技术。

  高压电如果操作不当，会危及接触者的生命。当然也不用谈"电"色变，怯步不前。只要遵守"用正确的工具和正确的方法去做正确的事情"的原则，维修新能源汽车的作业安全问题也将不再是问题。

  与传统燃油车型相比，很多系统及总成部件，其构造原理、拆装检测及维修方法都是相同的，比如插电混动的发动机，变速箱，底盘传动、行驶、转向及制动系统，车身电器及车身构件等。

  纯电动汽车相比燃油汽车结构更加简单，去除了发动机与变速器总成，换上一套高压系统；而插电混动汽车则是在燃油车型的基础上加上了一套高压系统，成为燃油车加电动车的混合体，这样的结构看起来比燃油汽车更复杂，但只要我们区别对待，将高压系统单独地理解和处理，事情也就没有那么复杂了。

  新能源汽车方兴未艾，相关维修及售后支持的指导及数据资料也很少，这给我们维修这部分车型带来了很大不便。为此，我们特地编写了《新能源电动汽车维修彩色图解教程》，结合之前已经出版的《新能源汽

车结构与原理》《新能源电动汽车维修资料大全》,成为"原理、维修、数据"联合的"三部曲"。该书强调方法应用与实战经验,不讲结构原理,不过多地强调资料数据,所有图文围绕高压系统及电动汽车特有的结构部件的拆装、检修与诊断方法展开,并融入大量的一线维修案例作为参照,希望通过这些内容可以为广大有志于新能源汽车售后市场的人士提供有利的借鉴和较大的帮助。

本书由瑞佩尔主编,参加编写的人员还有彭启凤、黄中立、彭斌、刘振容、彭益均、胡荣添、彭启红、张鹏、张昌华、除金美、满进波、彭达吾、刘振华、刘正宜、向旦、胡前明、胡雪飞、肖冬明、彭明惠、朱胜强、张建平、朱雄丰、曾永贵、刘艳、万成华、钟金秀、黄贵福、刘笃清、李丽娟、徐银泉。在编写过程中,参考了大量厂家技术文献和网络信息资料,在此,谨向这些资料信息的原创者们表示衷心的感谢!

由于涉及资料诸多,技术新颖,加上我们水平有限,不足之处在所难免,还请广大读者批评指正,以使本书在再版时更为完善。

编　者

目 录 CONTENTS

第1章 电动汽车维修概述 / 001

1.1 安全作业规范 / 002
1.1.1 作业前准备工作 / 002
1.1.2 安全操作规范 / 002
1.1.3 手动维护开关 / 004
1.1.4 高压事故急救 / 006

1.2 维修设备与工位配置 / 007
1.2.1 常用工具设备 / 007
1.2.2 安全防护用具 / 008
1.2.3 维修工位配置标准 / 008

1.3 电动汽车诊断设备应用 / 009
1.3.1 诊断硬件与软件构成 / 009
1.3.2 CAN卡驱动安装步骤 / 010
1.3.3 诊断设备使用方法 / 012

第2章 高压配电系统维修 / 013

2.1 高压配电系统概述 / 014
2.1.1 配电系统功能 / 014
2.1.2 配电箱总成结构 / 015
2.1.3 高压互锁功能 / 016

2.2 高压配电系统部件拆装 / 017
2.2.1 高压配电箱的拆装 / 017
2.2.2 维修开关的拆装 / 018

2.3 高压互锁故障排除 / 019
2.3.1 比亚迪e6高压互锁故障 / 019
2.3.2 广汽GA3S PHEV高压互锁故障 / 020
2.3.3 比亚迪秦PHEV高压互锁故障 / 023

2.4 高压绝缘故障排除 / 025
2.4.1 高压系统漏电故障检修方法 / 025
2.4.2 广汽高压零部件绝缘故障 / 028
2.4.3 众泰高压系统绝缘故障 / 031
2.4.4 江铃仪表亮绝缘报警灯故障 / 032

2.5 高压配电箱故障 / 033
2.5.1 高压配电箱故障检修方法 / 033
2.5.2 配电箱交流充电接触器故障 / 034

目 录 CONTENTS

第3章 高压电池系统维修 / 037

3.1　高压电池系统概述 / 038
  3.1.1　高压电池系统组成与结构 / 038
  3.1.2　高压电池管理系统 / 040

3.2　高压电池总成维护 / 041
  3.2.1　高压电池维护与保养 / 041
  3.2.2　高压电池事故处理 / 041
  3.2.3　高压电池容量测试及校正 / 042

3.3　高压电池模组整体拆装 / 043
  3.3.1　需要工具及注意事项 / 043
  3.3.2　高压电池模组拆卸步骤 / 044
  3.3.3　高压电池模组安装步骤 / 046

3.4　高压电池模组内部拆装 / 048
  3.4.1　电池模块总成拆解 / 048
  3.4.2　电池模组更换方法 / 052
  3.4.3　电池管理模块的拆装 / 055
  3.4.4　电池单体及加热片的拆装 / 057

3.5　电池管理系统故障排除 / 058
  3.5.1　高压电池包故障 / 058
  3.5.2　高压电池采样线故障 / 062
  3.5.3　电池管理系统初始化失败 / 062
  3.5.4　高压电池SOC跳变 / 063
  3.5.5　高压电池严重不均衡 / 064
  3.5.6　高压电池采集器通信超时 / 064
  3.5.7　高压电池包漏电检修方法 / 065
  3.5.8　单个电池模组故障 / 066
  3.5.9　车辆行驶中无能量回收 / 069
  3.5.10　高压电池电量偏低故障 / 070

目录 CONTENTS

第4章 DC/DC与充电系统维修 /073

4.1 DC/DC及充电系统概述 / 074
4.1.1 DC/DC转换器 / 074
4.1.2 高压充电系统 / 074

4.2 DC/DC电路故障排除 / 077
4.2.1 DC/DC常规故障检测方法 / 077
4.2.2 DC/DC供电故障 / 079
4.2.3 DC/DC转换故障 / 080

4.3 高压充电系统故障排除 / 081
4.3.1 众泰芝麻E20无法充电维修 / 081
4.3.2 江铃E200/E200S充电检测方法 / 083
4.3.4 江淮新能源预充超时故障 / 084
4.3.5 车辆交流充电失效 / 085
4.3.6 车辆无法充电故障 / 088

4.4 充电桩与壁挂式充电盒维修 / 089
4.4.1 江淮简易充电桩故障 / 089
4.4.2 比亚迪壁挂式充电盒故障 / 092

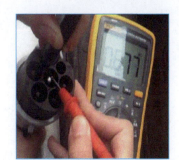

第5章 电动机驱动系统维修 /095

5.1 电动机驱动系统概述 / 096
5.1.1 驱动电动机 / 096
5.1.2 驱动电动机控制器 / 097

5.2 驱动电动机拆卸与安装 / 098
5.2.1 驱动电动机拆卸步骤 / 098
5.2.2 驱动电动机安装步骤 / 103

5.3 电动机控制器拆卸与安装 / 104
5.3.1 拆装工具与注意事项 / 104
5.3.2 电动机控制器拆卸步骤 / 105
5.3.3 电动机控制器安装步骤 / 108

5.4 驱动电动机检测与维修 / 110
5.4.1 驱动电动机工作失效 / 110
5.4.2 驱动电动机过速故障 / 110
5.4.3 发电机旋变故障 / 112

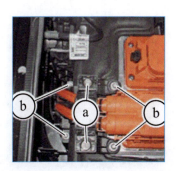

目录 CONTENTS

5.4.4　电动机控制器与驱动电动机的匹配 / 114

5.5　驱动电动机控制系统故障 / 114
　5.5.1　电动机控制器排查方法 / 114
　5.5.2　电动机控制器检测方法之一 / 115
　5.5.3　电动机控制器检测方法之二 / 116
　5.5.4　电动机控制器不吸合故障 / 118
　5.5.5　电动机控制器故障诊断 / 118
　5.5.6　电动机控制器高温故障 / 122
　5.5.7　电动机控制器与DC总成故障 / 123
　5.5.8　车辆挂挡不行驶故障 / 124
　5.5.9　挂挡无法行驶故障 / 125
　5.5.10　车辆没有EV模式 / 127
　5.5.11　车辆预充无法完成 / 129
　5.5.12　电动机控制器旋变故障 / 131

5.6　变速器故障 / 133
　5.6.1　比亚迪BYDT75变速器一键自适应方法 / 133
　5.6.2　比亚迪BYD6HDT45变速器数据流分析 / 135
　5.6.3　车辆无法启动，P挡指示灯闪烁故障 / 139
　5.6.4　变速器功能受限故障 / 140
　5.6.5　无EV模式，只能HEV模式行驶 / 140
　5.6.6　从EV模式自动切换到HEV模式 / 142
　5.6.7　车辆无法上OK挡 / 143
　5.6.8　车辆挂挡后无法行驶 / 145

6.1　制动系统故障维修 / 148
　6.1.1　制动系统概述 / 148
　6.1.2　制动系统无助力故障 / 150
　6.1.3　比亚迪EPB维修释放和初始化方法 / 151
　6.1.4　比亚迪ESP系统故障排除 / 152
　6.1.5　比亚迪制动系统电动真空泵故障分析 / 154
　6.1.6　比亚迪ESP失效故障 / 155

第6章　底盘故障维修 / 147

6.2 转向系统故障维修 / 156
6.2.1 电动助力转向系统介绍 / 156
6.2.2 转向扭矩与转角信号标定方法 / 157
6.2.3 REPS系统数据流分析 / 157
6.2.4 REPS电动转向助力维修 / 158
6.2.5 电动转向系统助力消失故障 / 159

第7章 空调系统维修 / 161

7.1 空调系统概述 / 162
7.1.1 电动汽车制冷系统 / 162
7.1.2 电动汽车加热系统 / 162
7.2 空调系统高压部件拆装 / 164
7.2.1 电动空调压缩机拆装 / 164
7.2.2 电加热器拆装 / 165
7.3 制冷系统故障维修 / 166
7.3.1 空调不制冷排查方法 / 166
7.3.2 空调系统高压电路故障 / 169
7.3.3 空调压缩机排查流程 / 169
7.3.4 EV模式下空调不工作故障 / 170
7.4 加热系统故障维修 / 171
7.4.1 PTC继电器排查流程 / 171
7.4.2 加热系统维修保养排气说明 / 172
7.4.3 PTC功能不正常检修步骤 / 173

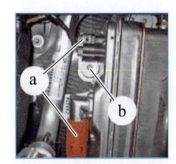

第8章 CAN总线与VCU系统维修 / 175

8.1 CAN总线维修 / 176
8.1.1 CAN总线检测与维修 / 176
8.1.2 总线终端电阻的检测 / 178
8.1.3 CAN总线故障 / 179
8.2 VCU系统维修 / 180
8.2.1 VCU系统概述 / 180
8.2.2 VCU故障分级处理策略 / 181

第 1 章

Chapter 1

电动汽车维修概述

1.1 安全作业规范

1.1.1 作业前准备工作

混合动力车和电动车上的高压车载网络以最高 650 V 的直流电压工作且必须提供较大电能。其高压电部分连接线束呈橙色。部分高压部件上都有警示标志，如图 1-1 所示。如果不遵守作业要求，将导致严重性伤害，甚至有生命危险。

图 1-1 高压部件警示标志

工作人员一定要穿好绝缘鞋，身上不要携带金属物品，如口袋里不要装硬币等。使用 1000V 耐久性的绝缘手套，并在使用前确认是否破损，在未佩戴手套的情况下不要直接接触高压电部分。

进行场地检查，在比较明显的位置使用三角警示牌提醒其他人员"高电压作业中触摸危险"。将维修车辆停放在维修工作区域时，先确认地面和发动机舱内没水，不允许在潮湿的环境下作业。确认工作区域内配有二氧化碳灭火器。

准备所需维修工具，确认维修工具经过绝缘处理。

切忌手上沾有水时进行高压作业或在高压部件沾有水的状态下作业。在地面或周围湿度过高时，须停止作业。

切断高压系统电源，首先切断手动维修开关。

1.1.2 安全操作规范

① 在维修作业前请采用安全隔离措施（使用警戒栏隔离），并树立高压警示牌，如图 1-2所示，以警示相关人员，避免发生安全事故。

图 1-2 作业区域隔离与警示牌标示

② 在维修高压部件前，请将车身用搭铁线连接到混合动力及纯电动车型专用维修工位的接地线上。

③ 在检修有电解液泄漏的高压电池包时，需佩戴防护眼镜，以防止电解液溅入眼中。

④ 在车辆上电前，注意确认是否还有人员在进行高压维修操作，避免发生意外。

⑤ 检修高压线束时，对拆下的任何高压配线应立刻用绝缘胶带包扎绝缘。

⑥ 进行钣金维修时，必须采用干磨工艺，严禁采用水磨工艺。

⑦ 整车进入烤漆房进行烘烤工艺时，必须将高压电池包与整车分离。

⑧ 不能用手指触摸高压线束接插件里的带电部位以免触电，另外应防止有细小的金属工具或铁条等接触到接插件中的带电部位。

⑨ 若发生异常事故和火灾时，操作人员应立即切断高压回路，其他人员立即使用灭火器扑救（使用干粉灭火器，严禁用水基灭火器）。

⑩ 当发生电池漏电解液，切勿用手触摸，电解液需用葡萄糖酸钙软膏进行稀释，不可用水稀释。

⑪ 对于空调制冷剂和冷冻油的回收、加注须用单独的专用设备进行，不能与燃油车型制冷剂加注及回收设备混用，避免对车辆空调系统及环境造成危害。

⑫ 作业中注意用于高压部件及区域提示的颜色或标示。

a. 橙色线束均为高压（适用于所有新能源车型，如图1-3所示为北汽新能源EC200车型前机舱高压部件及橙色线束）。

b. 动力整车电池包连至电源管理器的红色电压采样线束（适用于部分新能源车型，如图1-4所示为比亚迪新能源车型高压电池采样线束）。

图1-3 前机舱高压部件及橙色线束（北汽EC200）

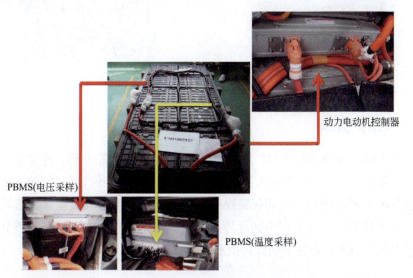

图1-4 比亚迪新能源车型高压电池采样线束

c. 高压零部件包括高压电池包、高压配电箱、车载充电器、太阳能充电器（如比亚迪 F3DM）、驱动电动机控制器总成（前、后）、电动力总成（前、后）、电动压缩机总成、电加热芯体 PTC、漏电传感器等。图 1-5 所示为宝马 i3 高压部件分布。

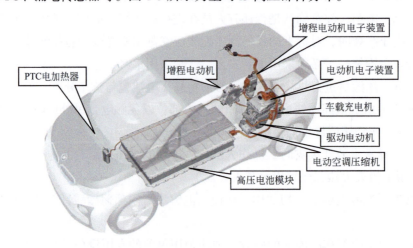

图 1-5　电动汽车高压系统所属部件（宝马 i3）

⑬新能源汽车高压系统维修安全操作步骤如下（见图 1-6）。

a. 切断车辆电源（将启动按钮置于 OFF 挡），等待 5min。

b. 戴好绝缘手套。

c. 拔下维修开关并存放在规定的地方。

d. 在断开紧急维修开关 5min 后，检修高压系统前应使用万用表测量整车高压回路，确保无电。

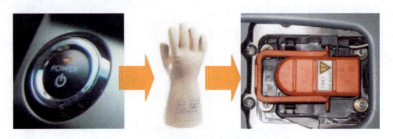

图 1-6　高压系统维修安全操作步骤

1.1.3　手动维护开关

维修开关（Service Switch），位于高压电池包总成上方的左上角，连接了高压电池的一个正极和一个负极（图 1-7 所示为比亚迪唐 DM 维修开关安装位置），它的主要作用是在车辆维修时直接断开高压回路，从而保证操作人员的安全。维修开关正常状态时，手柄处于水平位置；需要拔出时，应先将手柄旋转至竖直状态，再向上拔出；需要插上时，应先沿竖直方向用力向下插入，再将手柄旋转至水平状态。

图 1-7 维修开关安装位置（比亚迪唐DM）

手动维修开关内部安装有高压电路的主熔丝和互锁的舌簧开关，见图 1-8。

拉起手动维修开关上的卡子锁止器可断开互锁，从而切断高压电池正负极继电器。但为确保安全，务必将启动开关置于"OFF"挡，断开蓄电池负极接线柱，等待 10min 后再拆下手动维修开关。在执行任何检查或维护前，应先拆下手动维修开关，使高压电路在高压电池的中间位置切断，以确保维护期间的安全。

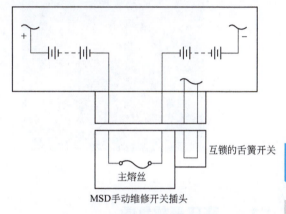

图 1-8 手动维修开关内部原理

以江淮新能源车型为例，手动维修开关的取出步骤如下。

① 钥匙置于"LOCK"挡。
② 断开 12V 蓄电池电池负极。
③ 断开维修开关，位置见图 1-9。

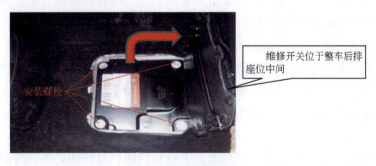

图 1-9 维修开关位置

④ 打开维修开关上方的地毯盖板。
⑤ 拆下维修盖板 4 颗安装螺栓，拆除维修开关盖板。
⑥ 打开维修开关二次锁扣，见图 1-10。

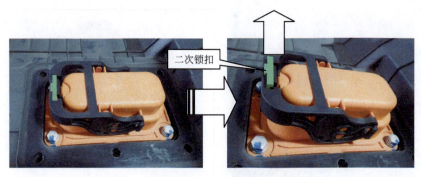

图1-10　打开二次锁扣

⑦ 按住卡扣，按图 1-11 所示方向转动维修开关把手，然后向上用力至把手垂直，拿出维修开关。拔下维修开关后，需等待 10min，确保高压残余电量耗尽。

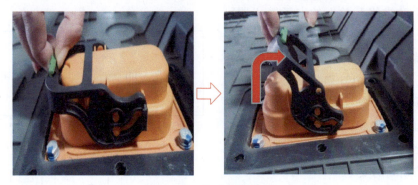

图1-11　取出维修开关

1.1.4　高压事故急救

（1）电击事故急救措施

援救电气事故中受伤人员时，绝对不可触碰仍然与电有接触的人员。如果可能，马上将电气系统断电（关闭点火开关或者马上拔出维修开关）。用不导电的物体（木条、竹竿等）把事故受害者或者导电体与放电体分离。

电击事故后实施急救时，如果事故受害者没有反应，应采取如下急救措施：首先确定受害者是否还有生命迹象，比如脉搏和呼吸；马上呼叫急救医生，或者马上让旁边人去呼叫；进行人工呼吸以及心肺按压直到医生到达；如果呼吸停止，使用非专业的去纤颤器（如果有的话）进行抢救。

如果事故受害者能回应问询，应采取如下急救措施：对烧伤处进行降温处理，并用消过毒的无绒布进行包扎；即使事故受害者拒绝，也要要求其接受治疗（避免出现长期的后遗症）。

（2）高压电池事故急救措施

电动车或高压电池起火时，请根据实际情况，进行下列操作。

① 将车辆退电至 OFF 挡，并在条件允许情况下断开 12V 蓄电池。

② 断开维修开关。
③ 就近寻找灭火器（请勿使用水基型灭火器）。
④ 如果车辆起火，火势较小较慢，请使用干粉灭火器灭火，并立即拨打求救电话。
⑤ 如果火势较大，发展较快，请立即远离车辆，拨打火警电话等待救援。

如果高压电池发生泄漏（有明显液体流出），请按照以下方法对车辆进行操作。
① 请将车辆退电至 OFF 挡，并在条件允许的情况下断开前舱 12V 蓄电池。
② 断开维修开关。
③ 发生少量泄漏时，请远离火源，使用吸水布吸附后置于密闭容器中，或采用焚烧方式处理，操作前请佩戴防酸碱手套。
④ 发生大量泄漏时，请统一收集，按照危险化学品处理，可加入葡萄糖酸钙溶液来处理产生的气体 HF。
⑤ 当人体不慎接触泄漏液体时，应立即用大量清水冲洗 10～15min，如果有疼痛感可用 2.5% 的葡萄糖酸钙软膏涂敷，或用 2%～2.5% 的葡萄糖酸钙溶液浸泡止痛，若无改善或出现不适症状，请立即就医。

1.2 维修设备与工位配置

1.2.1 常用工具设备

新能源汽车维修所用的基本工具设备如表 1-1 所示。

表1-1　新能源汽车维修用基本工具设备

工具设备名称	规格要求/技术标准
测电笔	① 非接触式，声光提示 ② 可测试电压范围：90～1000V 交流电压
数字钳形表	电压测量 1000V AC/DC
兆欧表（绝缘电阻测试仪）	① 输出电压：250V/500V/1000V ② 测试电流：250V（R=250kΩ）1mA；500V（R=500kΩ）1mA；1000V（R=1MΩ）1mA ③ 绝缘电阻：250V，0.1～20MΩ；500V，0.1～50MΩ；1000V，0.1～100MΩ ④ 测试电压：AC750V
三相交流电相序计	① 相序检测电压使用范围：200～480V ② 相序检测频率使用范围：20～400Hz ③ 用于三相正弦交流电源相序的顺、逆及断相检查 ④ LCD 和蜂鸣器指示正相、反相和缺相
Has_Hev 制动液充放机	① 储液容量：≥4L ② 工作压力范围：0～0.4MPa

新能源汽车维修用的辅料如表 1-2 所示。

表1-2　新能源汽车维修用辅料

名称	单位	数量	规格及要求
精密0~7pH试纸	盒	5	型号：pH 0~14，分辨率0.5pH单位
电工胶带	卷	10	尺寸：18mm×20m×0.18mm 电压等级：600V；介电强度1000V/mil（39.37kV/mm） 绝缘电阻：>1012Ω
干粉灭火器	个	4	如果车辆起火，火势较小较慢，请使用干粉灭火器灭火，并立即拨打求救电话

1.2.2　安全防护用具

新能源汽车维修用的安全防护用具如表 1-3 所示。部分防护用具如图 1-12 所示。

表1-3　新能源汽车维修用安全防护用具

名称	单位	数量	设备规格及要求
安全警告牌	件	2	规格，30cm×60cm、高强度ABS塑料；内容，"危险请勿靠近"与高压标识
绝缘手套	双	3	耐直流电压1000V以上
防酸碱手套	双	3	耐酸碱性
绝缘鞋	双	3	耐直流电压1000V以上
绝缘胶垫	张	4	单张1㎡，耐直流电压1000V以上
防护眼镜	个	3	耐酸碱性

图1-12　防护用具实体

1.2.3　维修工位配置标准

（1）混合动力及纯电动车型安全维修工位配置标准

① 设立专用维修工位（配备 3.5t 以上龙门举升机）。

② 采用安全隔离措施，并树立高压警示牌，用品如图 1-13 所示。

③ 墙面贴挂《混合动力及纯电动车型维修安全作业规范》。

④ 专用维修工位配有符合 GB2099.1 额定电压 250V、额定电流 16A 的单相且有效接地的标准三孔插座。

(2) 混合动力及纯电动车型安全维修工位辅料规格

① 高压警示牌（30cm×60cm、高强度 ABS 塑料）。

② 警戒栏（总高 90cm，拉带宽 5cm，拉带长 200cm、300cm、500cm，拉带颜色为红色）。

③ 绝缘地胶（绝缘 1000V 的电压，防水级别与塑料或橡胶材料类似，尺寸 7m×4m），铺装效果如图 1-14 所示。

图 1-13　维修工位警告牌与隔离栏

图 1-14　维修工位地面布置

1.3　电动汽车诊断设备应用

1.3.1　诊断硬件与软件构成

电动汽车上位机检测所需硬件有 USB-CAN 卡、OBD 接插件与笔记本电脑，如图 1-15 所示。

(a) USB-CAN 卡　　　(b) OBD 接插件　　　(c) 笔记本电脑

图 1-15　上位机检测所需硬件

上位机检测所需软件：CAN 驱动、开发诊断工具，如图 1-16 所示。

(a) CAN驱动程序包　　(b) 诊断软件

图1-16　检测软件

1.3.2　CAN卡驱动安装步骤

① CAN卡驱动安装包解压缩，并放置电脑桌面。

② 如图1-17所示，将CAN卡连接至电脑（电脑未安装CAN卡驱动时，CAN卡SYS灯显示为红灯）。

③ 打开电脑"设备管理器"选项，如图1-18所示，找到"未知设备"选项，右击选择"更新驱动程序"选项。

图1-17　连接CAN卡到电脑

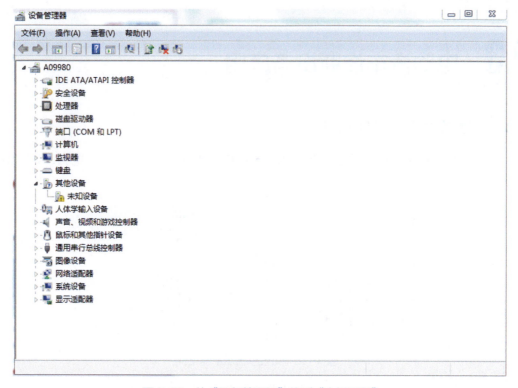

图1-18　从"设备管理器"找到"未知设备"

④ 选择"浏览计算机以查找驱动程序软件",如图1-19所示。

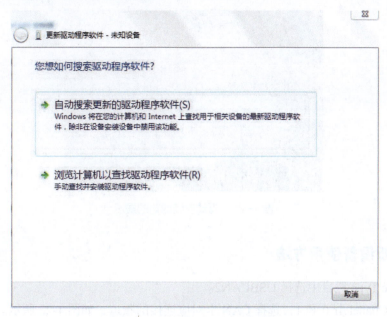

图1-19 选择自动搜索驱动选项

⑤ 浏览文件夹,选定桌面上的CAN卡驱动文件夹,单击"确定"后自动安装,见图1-20。

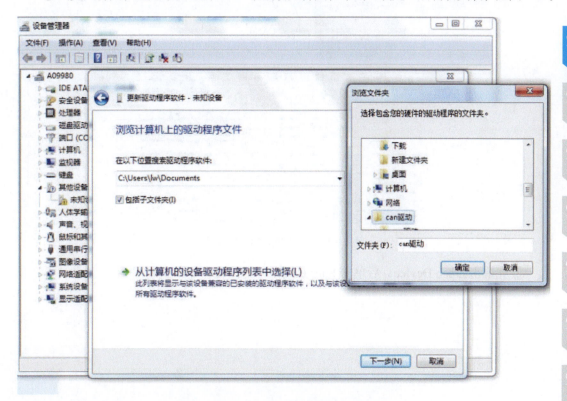

图1-20 找到驱动文件夹中的驱动文件

⑥ 驱动安装成功后，CAN 卡 SYS 灯会显示绿色，如图 1-21 所示。

图 1-21　驱动安装成功的提示

1.3.3　诊断设备使用方法

① Device Type 栏目中选择 USBCAN2。

② CAN Chanel 分 0 和 1，选择 CAN 卡对应连接的频道，如图 1-22 所示。

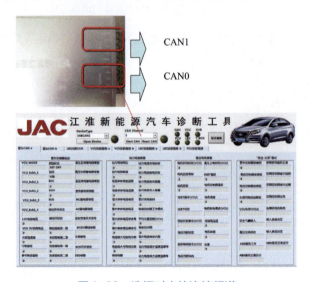

图 1-22　选择对应的连接频道

③ 先单击 Open Device，后单击 Start CAN，见图 1-22。

第2章

Chapter 2

高压配电系统维修

2.1 高压配电系统概述

2.1.1 配电系统功能

高压配电箱总成的主要功能是通过对接触器的控制来实现将高压电池的高压直流电供给整车高压电器,以及接收车载充电机或非车载充电机的直流电来给高压电池充电,同时含有其他辅助检测功能,如电流检测、漏电检测等。以比亚迪新能源车型为例,唐DM的高压配电箱总成如图2-1所示,宋DM高压配电箱安装位置如图2-2所示。

图2-1 比亚迪唐DM高压配电箱总成

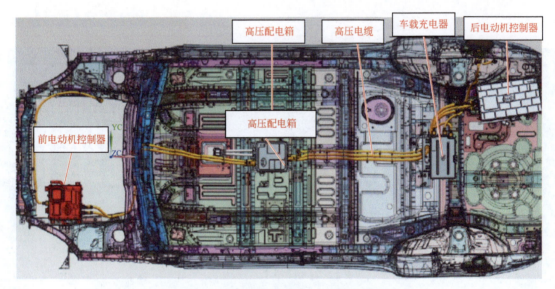

图2-2 高压配电箱安装位置(比亚迪宋DM)

高压配电箱的功能见表2-1。

表2-1 高压配电箱功能

功能	描述
高压直流输出	通过电池管理器控制预充接触器、主接触器等吸合,使放电回路导通,为前后电动机控制器、空调负载供电
车载充电器单相充电输入	通过电池管理器控制车载充电接触器吸合,使车载充电器充电回路导通,为高压电池充电
电流采样	通过霍尔电流传感器采集高压电池正极母线中的电流,为电池管理器提供电流信号
高压互锁	通过低压信号确认整个高压系统盖子及高压接插件是否已经完全连接。唐DM车型设计为3个相互独立的高压互锁系统:驱动系统(串接开盖检测)、空调系统、充电系统

2.1.2 配电箱总成结构

以比亚迪唐DM车型为例,高压配电箱外部接口如图2-3所示,内部结构如图2-4所示。

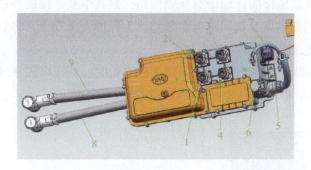

图2-3 高压配电箱外部接口(比亚迪唐DM)

1—前电动机控制器正极输出;2—前电动机控制器负极输出;3—后电动机控制器负极输出;
4—后电动机控制器正极输出;5—低压接插件;6—空调输出;7—车载充电器输入;
8—电池包正极输入;9—电池包负极输入

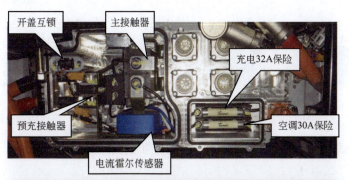

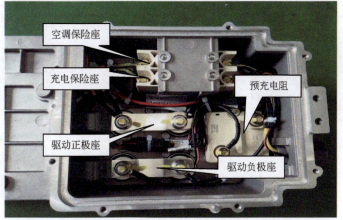

图2-4 高压配电箱内部结构(比亚迪唐DM)

2.1.3 高压互锁功能

以比亚迪新能源车型为例,高压互锁包括结构互锁(见图2-5)和功能互锁(见图2-6)。

结构互锁的主要高压接插件均带有互锁回路,当其中某个接插件被带电断开时,高压电池管理器便会检测到高压互锁回路存在断路,为保护人员安全,将立即进行报警并断开主高压回路电气连接,同时激活主动泄放。

功能互锁指的是当车辆在进行充电或插上充电枪时,高压电控系统会限制整车不能通过自身驱动系统驱动,以防止可能发生的线束拖拽或安全事故。

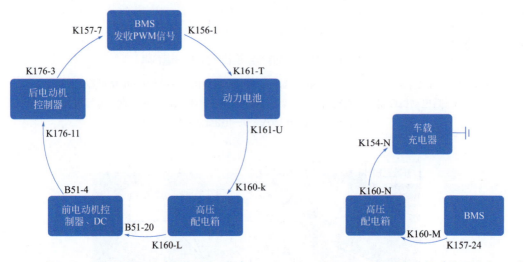

图2-5 高压结构互锁(比亚迪唐DM)　　图2-6 高压功能互锁(比亚迪唐DM)

以北汽新能源EV200车型为例,高压控制盒互锁线路如图2-7所示。

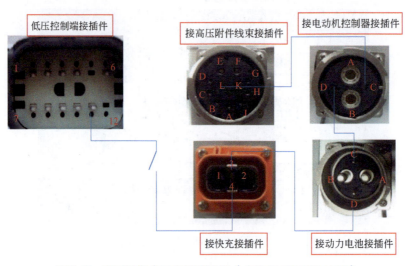

图2-7 高压控制盒互锁线路连接(北汽EV200/EV160)

高压线束总成互锁电路如图 2-8 所示。

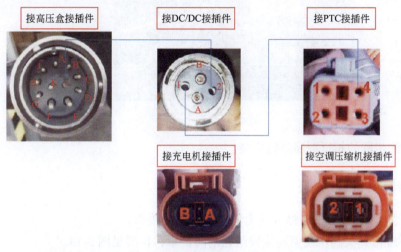

图 2-8　高压线束总成互锁线路连接（北汽 EV200/EV160）

2.2　高压配电系统部件拆装

2.2.1　高压配电箱的拆装

以众泰芝麻 E30 车型为例，配电箱的拆卸步骤如下。

① 拔出高压盒上的 2 个插接头线束，位置见图 2-9。

② 松开连接在高压盒上的总成动力线束、总负铜排及连接电动机控制器接口的主正、主负铜排等，见图 2-10。

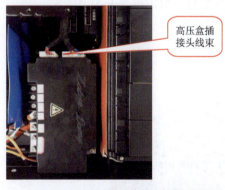

图 2-9　拔出高压盒的 2 个插头

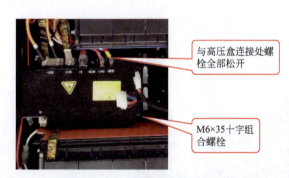

图 2-10　拆除高压盒上所有连接件

③ 松开固定于箱体上的 4 颗固定螺栓，取出高压盒总成，见图 2-11。

图2-11 拆下固定螺栓

按照拆卸步骤的相反顺序进行安装。

2.2.2 维修开关的拆装

① 断开如图2-12所示维修开关上低压线束的插接头。
② 取下维修开关高压线束连接模组处的防护罩，位置见图2-13。

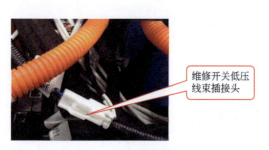

图2-12 断开低压线束插接头

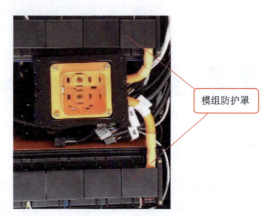

图2-13 拆下防护罩

③ 松开维修开关高压线束连接模组处的4颗螺栓，位置见图2-14。
④ 松开支架固定于箱体上的4颗螺栓，位置见图2-15，取出维修开关及支架。

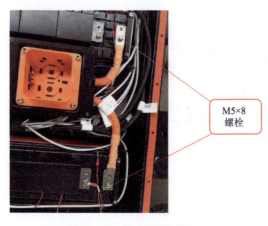

图2-14 拧下4颗螺栓

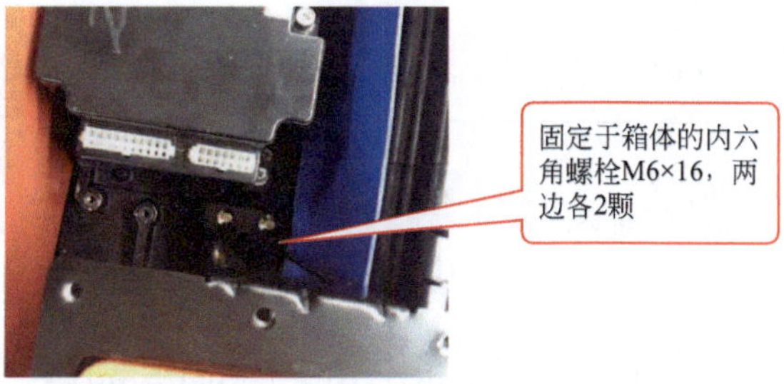

图2-15 拧下箱体固定螺栓

安装按照拆卸步骤的相反顺序进行。

2.3 高压互锁故障排除

2.3.1 比亚迪e6高压互锁故障

故障现象 车辆无法启动，系统故障灯点亮，电池故障灯点亮，见图2-16，上位机读取故障码为P3011。

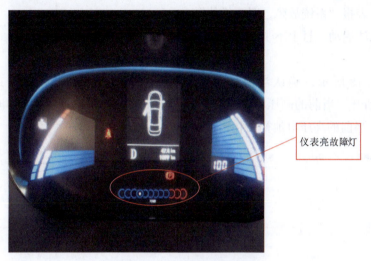

图2-16 仪表故障灯点亮

故障原因 高压互锁线路中出现断路，导致VCU没有接收到12V，从而策略保护。

原理分析

前舱室外继电器盒内的MC继电器在钥匙置于ON挡时，87号针脚（PU01）通电12V，经过前舱线束与前舱控制线束对插接插件（PU01），到达高压接线盒低压接插件，进入高压接线盒内部，再次经过前舱线束与前舱控制线束对插接插件（BX08），到达高压电池低压接插件，进入电池内部，最终到达整车控制器（VC39），见图2-17。

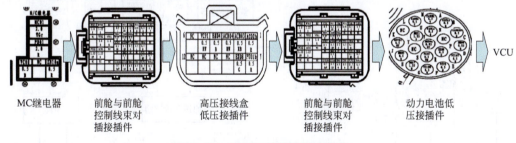

图2-17 高压互锁线路连接器件

故障排除

① 高压接线盒内部互锁接插件虚焊或脱落（PU01b针脚测量有12V，BX08针脚测量无12V）。

② 前舱线束与前舱控制接线束对插接插件内部针脚退针，断开接插件，检查 PU01 针脚和 BX08 针脚。

③ 高压电池内部互锁接插件虚焊或脱落（BX08 测量有 12V，VC39 测量无 12V）。

④ VCU 接插件 VC39 针脚退针。

2.3.2　广汽 GA3S PHEV 高压互锁故障

故障现象

① 组合仪表报"系统故障，联系维修"。

② 车辆无法启动，且上不了高压电。

故障诊断

① 如图 2-18 所示，确认当前故障码是否有：当前的 HVIL 线断开或当前的 BMS emergency 线断开、当前的高压电池电池包电压过低（1 级）、当前的高压电池电池包电压过低（2 级）、当前的高压电池初始化错误。

序号	控制器	硬件号	软件号	零件号	故障码	故障类型	定义	状态
1	制动控制系统	8030009BAC020H.0	8030009BAC020S.0	8030009BAC0200	无故障码			
2	助力转向系统	3410006BAC010H???	3410006BAC010S???	3410006BAC0100	无故障码			
3	发动机管理系统	1120009BAC1100H.C	1120009BAC1100S.C	1120009BAC1100	无故障码			
4	辅助安全系统	8040003BAC000H???	8040003BAC000S???	8040003BAC0000	U041881	历史的	从BCS收到的车速值无效 或者 BCS_VehSpdVD的值是无效的	28
5	电池管理系统				通讯异常			
6	前驱电机	1520007BAC0000H.0	1520007BAC0000S.4	1520007BAC0000				
7	混动控制系统	1110003BAC0300H.C	1110003BAC0300S.C	1110003BAC0300	P0A0A13	当前的	高压互锁线开路	8B
8	混动控制系统	1110003BAC0300H.C	1110003BAC0300S.C	1110003BAC0300	P0A0B13	历史的	HVIL反馈线开路	0A
9	混动控制系统	1110003BAC0300H.C	1110003BAC0300S.C	1110003BAC0300	P16FC16	当前的	高压电池电池包电压过低（1级）	0B
10	混动控制系统	1110003BAC0300H.C	1110003BAC0300S.C	1110003BAC0300	P16FC84	当前的	高压电池电池包电压过低（2级）	0B
11	混动控制系统	1110003BAC0300H.C	1110003BAC0300S.C	1110003BAC0300	P166496	当前的	高压电池初始化错误	0B
12	混动控制系统	1110003BAC0300H.C	1110003BAC0300S.C	1110003BAC0300	U10C181	当前的	HVIL线断开	0B
13	混动控制系统	1110003BAC0300H.C	1110003BAC0300S.C	1110003BAC0300	P166900	当前的	BMS emergency线断开	0B
14	集成启动发电机	1520007BAC0000H.0	1520007BAC0000S.4	1520007BAC0000	无故障码			

图 2-18　进行故障码分析

② 如有上述故障，判断为高压互锁线路断开，请排查高压互锁线路。排查顺序为：500Ω 电阻器→车载充电器→PTC→电动压缩机→IPU→HVH→BMS→VCU。高压互锁回路电路如图 2-19 所示。

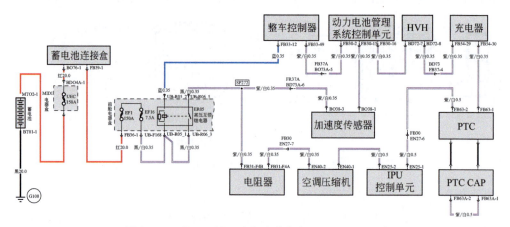

图 2-19　高压互锁回路电路（广汽 GA3S PHEV）

故障排除

① 检查前舱电器盒（EF1、EF16 熔丝，ER5 继电器）和 12V 蓄电池处的 UEC150A 是否有松动、烧坏、氧化现象。

② 检查高压电池包手动维修开关安装状态（无松脱），见图 2-20。

图 2-20　检查维修开关有无松脱

③ 检测高压电池系统　用万用表测量 BMS（高压电池）BD30-16 是否有 12V 的电压。如果有电压，说明 HVH—BMS 这段回路是正常的。复原接插件后，测量 BD30-2 是否有 12V 电压输出，如有则说明 BMS 正常，如无则要检查该接插件及 BMS。

④ 检查电阻器　如果 FB54-30 没有 12V 电压，则测量电阻器 FB31-F4B 是否有 12V 电压。如果有，则说明电阻器这段回路正常。再把接插件复原，检查 500Ω 的电阻是否异常或者接插件状态，见图 2-21。

图 2-21　检查 500Ω 电阻状态

⑤ 检查充电系统。

a. 首先检测充电器是否正常，用万用表测充电器 FB54-30 端与 FB54-29 端是否导通，若导通，则充电器正常；反之，充电器异常。

b. 用万用表检测充电机 FB54-30 端是否有 12V 电压，若有，则正常（蓄电池—前舱电器盒 EF1 熔丝—EF16 熔丝—ER05 继电器—电阻器—空调压缩机—IPU 控制单元—PTC 充电机 FB54—30 端）；反之，则需逐步排查上述部分。

⑥ 检测 PTC 系统　检测 PTC 是否正常，位置见图 2-22。用万用表检测 PTC 高压互锁插头 FB63A-2 端是否有 12V 电压。若有，则测量 FB63A-1 是否有 12V 电压输出，或往下一步，测量充电机 FB54-30 是否有 12V 电压。若有，则说明 PTC 有电压输送过来，PTC 无问题；反之，PTC 高压互锁。再排查 PTC 连接充电机的线束状态。

图 2-22　检测 PTC 系统

⑦ 检测空调压缩机（位置见图 2-22）　用万用表测量压缩机 EN40-2 端是否有 12V 电压。分两种情况：若有，则检测 EN40-1 端，如有 12V 电则压缩机正常；反之，则压缩机异常。若没有，则检查电阻器连接压缩机的线束状态。

⑧ 检测 IPU（见图 2-23）　利用万用表检测 IPU 的 EN25-2 端是否有 12V 电压。分两种情况：若有，则检测 EN25-1 端是否有 12V 电压，如有，则 IPU 控制器正常；反之，则 IPU 内部异常。若没有，则检测空调压缩机连接 IPU 的线束状态。

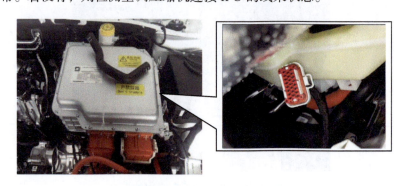

图 2-23　检测 IPU 互锁端子

⑨ 检查 HVH（见图 2-24）　利用万用表检测 HVH 的 BD72-8 端是否有 12V 电压。分两种情况处理：若有，则检测 BD72-7 端，若有 12V 电压，则 HVH 正常；反之，则 HVH

异常。若没有，则检查充电机连接HVH的线束状态。

图2-24　检测HVH连接端子

⑩ 检查VCU（整车控制单元，位置见图2-25）利用万用表检测VCU的FB33-49端是否有12V电压。分两种情况处理：若有，则检测FB33-2端，如有12V电压，则VCU正常；反之则VCU异常。若没有，则检查BMS连接到VCU的线束状态。

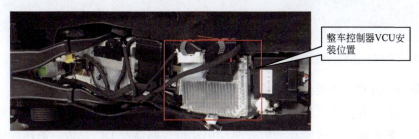

图2-25　检测VCU互锁端子信号

2.3.3　比亚迪秦PHEV高压互锁故障

故障现象　比亚迪秦PHEV车型，上OK挡电发动机启动，无法使用EV模式，仪表提示请检查动力系统，动力系统故障灯亮；高压BMS报故障码：P1A6000（高压互锁故障），故障码无法清除或者清除后再现。

故障分析　秦的主要高压接插件（高压BMS、高压配电箱、维修开关、驱动电动机控制器及DC总成）均带有互锁回路，当其中某个接插件被带电断开时，动力电池管理器便会检测到高压互锁回路存在断路，为保护人员安全，将立即进行报警并断开主高压回路电器连接，同时激活主动泄放。高压互锁流程图如图2-26所示。

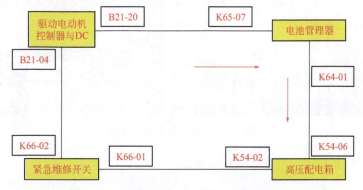

图2-26　高压互锁流程图（比亚迪秦PHEV）

检修过程

① 读取故障码。高压电池管理器报故障码：P1A6000（高压互锁故障）、P1A4A00（高压互锁一直检测为高信号故障），且故障码无法清除，如图2-27所示。

② 用诊断仪读取高压电池管理器及驱动电动机控制器数据流如下。

a. 电池管理器数据流显示高压互锁：锁止，如图2-28所示。

b. 电池管理器显示：高压接触器断开，如图2-28所示。

图2-27　读取高压系统故障码　　　　　　图2-28　数据流分析

③ 测量高压互锁端子及低压互锁线束。

a. 测量高压电池管理器K64-1与K65-7针脚之间不导通（电阻小于1Ω），确认互锁回路存在开路，根据经验，故障点一般在驱动电动机控制器及DC总成、高压配电箱这两个零部件，以下重点检查。

b. 测量高压配电箱K54-2与K54-6针脚之间导通（电阻小于1Ω），逐个轻微晃动高压配电箱上的高压互锁插头，测量没有开路现象，说明高压配电箱互锁端子没有开路或者偶发性开路情况。

c. 驱动电动机控制器及DC总成无法直接测量，可以用排除法先测量维修开关K66-1与K66-2，这两个针脚导通正常（电阻小于1Ω），拔掉高压线束检查互锁针脚是否有退针现象，确认针脚已经退针，重新处理互锁针脚插头，故障排除，如图2-29所示。

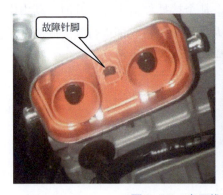
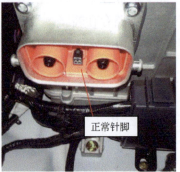

图2-29　高压线束互锁针脚

故障排除　修复高压线束退针的互锁插头。

维修小结

① 首先要确认故障是偶发性故障还是一直存在故障，偶发性故障一般是线束插接不良，可以在测量导通性时逐个轻微晃动高压互锁插头，寻找故障点。

② 高压配电箱上有 7 个互锁针脚插头，包括：动力电池包输入正，动力电池包输入负，驱动电动机控制器与 DC 正，驱动电动机控制器与 DC 负，车载充电器输入、输出至空调配电盒，高压配电箱开盖检测。这些接插件插上后互锁针脚是串联状态，通过测量 K54-2 与 K54-6 的导通性即可确认高压配电箱的互锁是否正常。如果不导通，请检查高压及低压互锁针脚是否有退针现象。

2.4 高压绝缘故障排除

2.4.1 高压系统漏电故障检修方法

下面以比亚迪秦 PHEV 车型为例，讲解电动汽车高压系统漏电故障的检修方法。

根据维修经验，高压系统可能漏电的模块有：电动压缩机本体漏电，2#、4#、6#、8# 电池模组漏电，PTC 水加热器漏电，驱动电动机控制器及 DC 总成漏电，高压配电箱漏电。

高压系统报漏电故障时，确认是 ON 挡电报漏电故障，还是 OK 挡电报漏电故障；整车所有高压模块、橙色线束、漏电传感器及连接线束故障时均有可能报漏电故障码，可参考以下方法检查漏电故障。

高压系统漏电检测原理如图 2-30 所示。

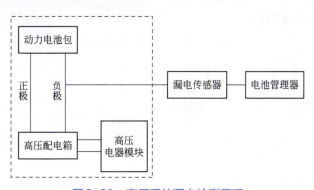

图 2-30 高压系统漏电检测原理

高压系统漏电检测原理：当高压系统漏电时，漏电传感器发出一个信号给高压电池管理器，电池管理器检测到漏电信号后，禁止充、放电并报警；漏电传感器检测动力电池包负极及与其相连接的高压模块和车身底盘之间的绝缘电阻，来判断动力电池包的漏电程度；当高压 BMS 报漏电故障时，先初步排除漏电传感器线路异常，再确认是 ON 挡电报漏电故障，还是 OK 挡电报漏电故障。图 2-31 所示为比亚迪秦 PHEV 高压系统漏电检测电路。

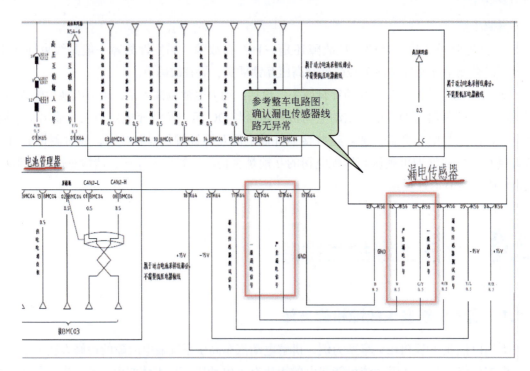

图 2-31 高压系统漏电检测电路（比亚迪秦PHEV）

① 如果 ON 挡电报漏电故障，初步判断为动力电池包漏电。具体哪个电池模组漏电，根据以下流程检查（见图 2-32）。

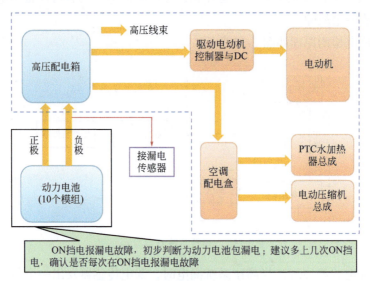

图 2-32 ON 挡电报漏电排查流程图

a.OFF 挡，拔掉 8# 电池模组接触器接插件，再上 ON 挡电，用诊断仪读取系统故障：如果不漏电，判断 8#、9#、10# 电池模组漏电（根据经验，8# 电池模组故障率高）；如果漏电，则排除 8#、9#、10# 电池模组故障，需检查 1#～7# 电池模组。

b.OFF 挡，拔掉 6# 电池模组接触器接插件，再上 ON 挡电，用诊断仪读取系统故障：

如果不漏电，判断6#、7#电池模组漏电（根据经验，6#电池模组故障率高）；如果漏电，则排除6#、7#电池模组故障，需检查1#~5#电池模组。

c.OFF挡，拔掉4#电池模组接触器接插件，再上ON挡电，用诊断仪读取系统故障：如果不漏电，判断4#、5#电池模组漏电（根据经验，4#电池模组故障率高）；如果漏电，则排除4#、5#电池模组故障，需检查1#~3#电池模组。

d.OFF挡，拔掉2#电池模组接触器接插件，再上ON挡电，用诊断仪读取系统故障：如果不漏电，判断2#、3#电池模组漏电（根据经验，2#电池模组故障率高）；如果漏电，则排除2#、3#电池模组故障，判定1#电池模组漏电；铁电池组：1—3—5可以互换；2—4可以互换；6—8可以互换；7—9可以互换。各电池模组接触器接插件安装位置见图2-33。

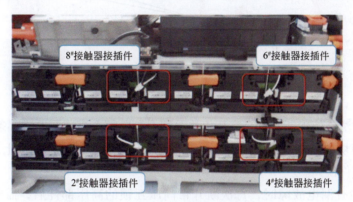

图2-33　各电池模组接触器接插件位置

② 如果上OK挡电报漏电故障，初步判断为动力电池包以外的高压模块漏电。具体哪个高压模块漏电，根据以下流程检查（见图2-34）。

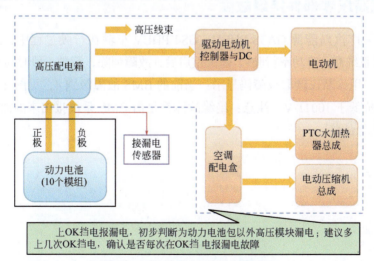

图2-34　OK挡电报漏电检测流程

a.OFF挡，断开紧急维修开关，再断开电动压缩机高压线束插头。装上紧急维修开关，上OK挡电，用诊断仪读取系统故障：如果不漏电，判断电动压缩机漏电；如果漏电，判断电动压缩机正常。继续断开其他高压模块。

第2章　高压配电系统维修　027

b.OFF 挡，断开紧急维修开关，再断开 PTC 高压线束插头。装上紧急维修开关，上 OK 挡电，用诊断仪读取系统故障：如果不漏电，判断 PTC 漏电；如果漏电，判断 PTC 正常。继续断开其他高压模块。

c.OFF 挡，断开紧急维修开关，再断开空调配电盒输入端高压线束插头。装上紧急维修开关，上 OK 挡电，用诊断仪读取系统故障：如果不漏电，判断空调配电盒及线束漏电，如图 2-35 所示；如果漏电，判断空调配电盒及线束正常。继续断开其他高压模块。

图 2-35　空调配电盒与高压线束

按照以上方法，依次断开剩余高压模块，逐个判断哪个模块漏电或哪条高压线束漏电。判定一个高压模块或高压线束漏电时，尽量再将高压模块或线束插头插上去确认故障是否再现，避免零部件误判。

部分车型检查漏电故障时，每次断开带高压互锁的高压部件后，需要先短接高压模块端互锁开关，再上 OK 挡电判断漏电情况。注意在维修高压部件时，必须采取绝缘保护措施！

2.4.2　广汽高压零部件绝缘故障

故障现象　广汽新能源 GA3S PHEV、GS4 PHEV 车辆在行驶过程中，组合仪表提示"系统故障，联系维修；降功率行驶"。熄火重启后，故障消除，行驶一段时间后，故障重现。

故障诊断　用诊断仪读取故障码显示：当前的 BMS 故障级别 4，见图 2-36；当前的高压电池绝缘阻抗低于 100Ω/V。注意：绝缘故障都是由 BMS 系统报出来的故障，但并不代表就是 BMS 绝缘故障。

10	混动控制系统	1110003BAC0300H.B	1110003BAC0300S.B	1110003BAC0300	U007388	历史的	HCAN总线关闭	08
11	混动控制系统	1110003BAC0300H.B	1110003BAC0300S.B	1110003BAC0300	P171019	历史的	DCDC输出电流超出阈值	08
12	混动控制系统	1110003BAC0300H.B	1110003BAC0300S.B	1110003BAC0300	P16C119	历史的	高压电池充电电流过大（1级）	08
13	混动控制系统	1110003BAC0300H.B	1110003BAC0300S.B	1110003BAC0300	U10C287	历史的	丢失与充电机的通信超过1秒	08
14	混动控制系统	1110003BAC0300H.B	1110003BAC0300S.B	1110003BAC0300	P0AA601	历史的	高压电池系统绝缘故障	08
15	混动控制系统	1110003BAC0300H.B	1110003BAC0300S.B	1110003BAC0300	P169796	当前的	BMS故障级别4	8B
16	集成启动发电机	1520007BAC0000H.0	1520007BAC0000S.1	1520007BAC0000	无故障码			

图 2-36　诊断仪显示故障内容及级别

故障分析　BMS 故障级别 4，是新能源车故障等级最高的一种故障级别，该故障定义为绝缘故障，出现该故障码需要排查整车高压零部件的绝缘情况。引起绝缘故障的原因可能有：高压零部件内部进水、高压线束破皮接地、高压零部件内部损坏等。

故障排除 确认为绝缘故障的车辆请先勿清除故障码；排查绝缘故障时，请先断开高压电（拔除高压电池包 MSD 开关）。

首先要了解该车的高压线束走向，见图 2-37，然后通过测量高压电池端的所有高压线束的接插件的绝缘值来判断整车的绝缘情况。

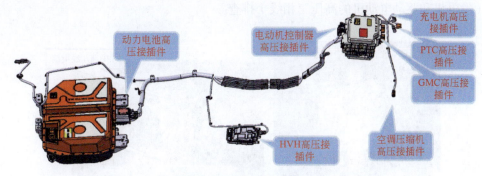

图 2-37 高压线束连接

① 拔掉高压电池连接的 4 个高压接插件，分别用绝缘表测量高压接插件的正负极，见图 2-38，如测量值不符，则说明该节点绝缘故障；若符合绝缘值，那么就测高压电池本体的高压端口，确认当前的绝缘阻值（正常为 550MΩ），如测量值不符，则说明高压电池绝缘故障。

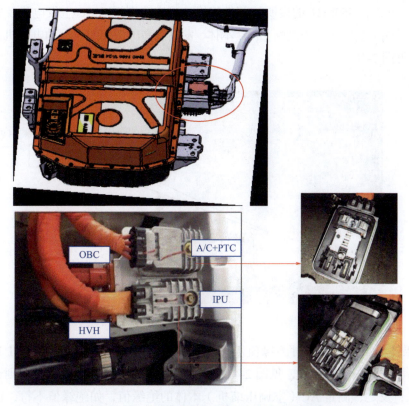

图 2-38 分别测量高压线束连接端子绝缘值

② 在确认高压电池本体绝缘值正常情况下，拆除电动机控制器直流母线高压接插件，然后再测量直流母线的高压接插件的绝缘阻值，如绝缘值不符合，说明高压电池到 IPU 端的高压线绝缘故障；反之，再次测量 IPU 的绝缘值。再测量 IPU 本体端口，见图 2-39，若绝缘值不符，说明 IPU 本体到 GMC 本体（发电机和驱动电动机）绝缘故障，再拆分每个节点（发电机和驱动电动机的高压三相线）排查。

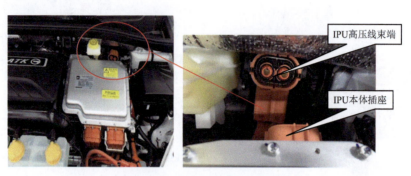

图 2-39　测量 IPU 连接端子绝缘值

③ 测量 IPU 的绝缘值，如此时绝缘值不符合 550MΩ，则拆除 GMC（发电机及驱动电动机的高压三相线），再次测量 IPU 的绝缘值，若此时绝缘值仍不符合 550MΩ，说明 IPU 本体绝缘了；反之，IPU 本体绝缘符合，那么就分别测量 GMC（发电机及驱动电动机的高压三相线），不符合 550MΩ 的说明该部件绝缘。再次分别拆 GMC 上发电机及驱动电动机的高压三相线端测量绝缘，来判断 GMC 本体、发电机高压三相线、驱动电动机高压三相线的绝缘值，见图 2-40。

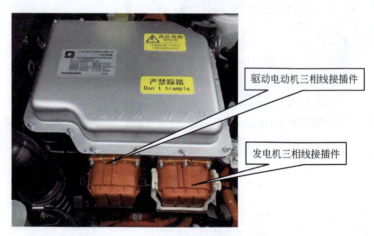

图 2-40　测量 GMC 三相线绝缘值

④ 如果测量 AC/PTC 端时绝缘值不符合标准，则拆除 AC（空调压缩机）高压接插件，测量高压线束端的绝缘值，见图 2-41，如此时测量到的绝缘值不符合，则说明此段高压线束绝缘；反之，测量 AC（空调压缩机）本体的绝缘值，如绝缘值不符，说明压缩机绝缘。

图2-41 测量电动空调压缩机高压线端子

⑤ 如上述步骤绝缘值正常，则测量PTC高压线束端的绝缘值，见图2-42，从而判断PTC的高压线是否绝缘；反之，则测量PTC本体的绝缘情况。

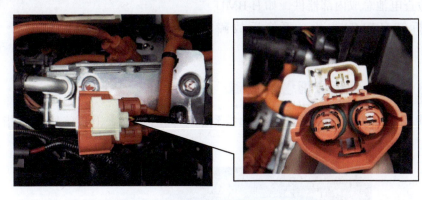

图2-42 测量PTC高压线束连接端子

⑥ 如果测量HVH端口绝缘值有异常，则拆除HVH（高压液体加热器）高压接插件，然后再测量HVH高压线束接插件的绝缘阻值，如阻值不符合550MΩ的标准，说明高压电池到HVH端的高压线绝缘故障；反之，再次测量HVH本体的绝缘值，见图2-43，如绝缘值不符，说明HVH绝缘故障。

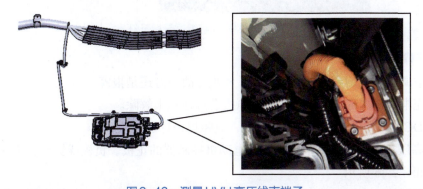

图2-43 测量HVH高压线束端子

2.4.3 众泰高压系统绝缘故障

以众泰芝麻E30车型为例，其高压系统绝缘故障检修步骤如下。

① 取出笔记本电脑及 CAN 卡，一端接到诊断接口，另一端连接到电脑。

② 确认连接无误后，打开上位机程序，上面如显示通信成功，则可查看具体信息；如显示 ZLG 通信失败，则需重新检查连接之处是否正确或 CAN 卡是否正常。

③ 通信正常后，选择 BMU 配置，选中故障信息栏，然后单击下载。

④ 查看下载内容，如系统显示绝缘电阻故障，见图 2-44。

⑤ 排除外在因素，检查电动机控制器等外部高压器件是否报绝缘。

⑥ 经检查外部高压器件均无绝缘问题后，用兆欧表检查电池总成内部器件，如 H-BMU 绝缘，则拆卸 H-BMU 主板，更换后故障排除。

图 2-44 用诊断仪读取故障内容

2.4.4 江铃仪表亮绝缘报警灯故障

故障现象 江铃 E100A 车型把钥匙拧到启动挡后，仪表上报绝缘故障指示灯，见图 2-45。

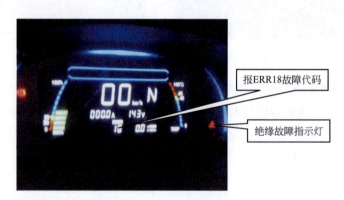

图 2-45 仪表亮绝缘报警指示灯

检修步骤

① 把空调压缩机的高压接插件拔开，此绝缘故障灯还是报警。

② 把充电机输出端接插件拔开，故障报警灯还是未解除。

③ 把 DC-DC 高压输入端接插件拔掉，故障报警灯还是未解除。

④ 把高压箱打开，分别把高压箱至电动机控制器的正极、负极线拆卸，绝缘报警灯还未排除，如图 2-46 所示。

⑤ 把高压箱 4 个固定脚用绝缘橡胶垫垫在高压箱与支架中间，绝缘报警灯还未排除。

⑥ 拆卸电池包总正极至高压箱内的动力线，绝缘报警灯未排除，拆卸电池包总负极至高压箱内的动力线，绝缘报警灯消失，故障排除，见图 2-47。当不拆卸该线时，直接把电源总开关按下去，绝缘报警灯消失。

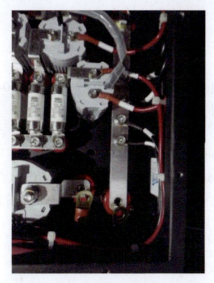 

图2-46 拆卸高压箱至电动机控制器的正负极线路　　图2-47 拆除电池包总正极至高压箱的动力线

⑦ 把电池包上的正负极航插拔下,分别测量电池包正极、负极对电池包外壳电压都一样,通过上位机软件监测,此时绝缘报警灯消除,以此排除电池包导致的绝缘报警问题。

⑧ 拆卸电源总开关,把两端的负极线直接接触在一起,绝缘报警灯出现。

综合以上的排查过程,判定此绝缘故障灯是由动力线束引起的。

故障排除　更换动力线束总成。

2.5 高压配电箱故障

2.5.1 高压配电箱故障检修方法

下面以比亚迪唐车型为例,讲解高压配电箱的检修流程与方法。

检测与判别

① 检查配电箱空调保险。

a. 整车置于 OFF 挡。

b. 拆开配电箱侧边小盖。

c. 测量上方空调保险(32A)是否导通。导通,则配电箱保险正常;不导通,则更换空调保险。

② 检查接触器电源脚。

a. 整车上 ON 挡,连接好铁电池。

b. 用万用表测量低压接插件引脚对地电压,K160-B—车身地正常值约 12V,如不正常,则检查低压线束供电。

③ 检查预充接触器控制脚。

a. 上 OK 挡。

b. 用万用表测量低压接插件引脚，K160-G 对地电压是否有 12V—0V—12V，K160-G—车身地正常值小于 1V，如不正常，则检查电池管理器或线束。

④ 检查正极接触器控制脚。

a. 整车上电于 ON/OK 挡（车辆启动前检测各方面正常会点亮 OK 指示灯）。

b. 用万用表测量低压接插件引脚对地电压，K160-H—车身地正常值小于 1V（ON 挡）/约 12V（OK 挡）。测量为正常值，则接触器控制正常；测量值不正常，则检查电池管理器或线束。

常见故障分析

① 无 EV 模式，仪表报"请检查动力系统"，故障码报"主接触器烧结"。

a. 先查询高压 BMS 的程序版本（确认是最新版），确认故障码是否能清除，然后再尝试多次上 OK 挡电，看故障是否会重现。

b.OFF 挡用万用表检测配电箱的电动机控制器正极端口和电池包正极端口是否导通或开箱检查主接触器是否导通。如导通，则更换主接触器处理。

② 无 EV 模式，高压电池管理器报"预充失败故障"。

在上电过程中测量 K160-G 对地电压是否会有 12V—0V—12V 这样的一个过程。

a. 有，且驱动电动机控制器直流母线无瞬间高压输入，则重点排查预充接触器。

b. 无，检查电池管理器、采样线束。

③ 高压电池管理器报"电流霍尔传感器故障"。

a. 整车上 OK 挡（车辆启动前检测各方面正常会点亮 OK 指示灯）。

b. 用万用表测量低压接插件 K160-D 和 K160-E 对地电压。

• 若 K160-D 对地电压在 +15V 左右且 K160-E 对地电压在 -15V 左右，更换高压配电箱（电流霍尔传感器）。

• 若两引脚对地电压不在上述范围内，检查动力电池管理器及线路。

④ 电流异常检测，测试霍尔信号（"1V"对应 100A）并与电源管理器的当前电流进行对比，从而来判断电流霍尔效应正常与否。

2.5.2 配电箱交流充电接触器故障

故障现象

一辆新款比亚迪 e6 车辆启动后 OK 挡灯不能正常点亮，无法行驶，随后仪表报"请检查动力系统"，故障灯不能正常点亮，无法行驶。随后仪表报"请检查动力系统故障，车辆无法正常充电"。

用诊断器读取电池管理器故障码为：P1A5400（一般漏电故障），P1AA100（主预充失败），P1AA200（DC 预充失败），如图 2-48 所示。

检修过程

① 根据电池管理器故障码并按照高压上 OK 挡电流程分析，由 MICU 发出启动命令并通过网关控制器报送给电池管理器和 VTOG 控制器。电池管理器收到报文后，控制负极接触吸合，同时电池管理器将进行自检，自检完毕无异常后，且吸合预充接触器。电池管理器根据 VTOG 反馈信号，判断预充是否完成，完成后吸合主接触器，OK 灯点亮。分析导致该车 OK 灯不点亮的原因为预充失败导致主接触器未吸合。

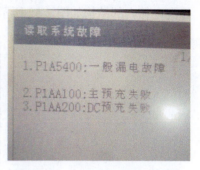

图 2-48　电池管理器系统故障码

② 打开高压配电箱后准备测量其预充电压，测量发现 150A 充电保险已熔断。更换 150A 充电保险后，启动车辆后 OK 灯点亮，重新关闭再次启动车辆，OK 灯又无法点亮了，测量充电保险再次熔断。

③ 根据充电保险二次熔断，怀疑为 VTOG 控制器内部短路故障导致，更换充电保险和 VTOG 控制器后启动车辆，第一次 OK 灯点亮，然后 2s 后又熄灭。仪表报"请检查动力系统"，再次启动动力系统，再次启动车辆后，OK 灯正常点亮，车辆恢复正常。

④ 测试交流充电也是插枪后第一次充电不成功，二次拔枪后再充电正常。

⑤ 掌握了故障发生规律，OK 灯不能点亮时读取电池管理器故障码为 P1AA100（主预充失败），读取 VTOG 控制器故障码为 P1B0400（驱动过压保护故障），见图 2-49。

⑥ 读取数据流发现启动车辆时，动力电动机母线电压瞬间达到 420V，见图 2-50，读取电池管理器数据流包总电压为 306V。分析电池包总电压才为 306V，动力电动机母线电压能达到 420V，可能原因有 VTOG 控制器自检错误，因刚更换新 VTOG 控制器，所以排除 VTOG 故障。

图 2-49　读取 VTOG 控制器故障码内容

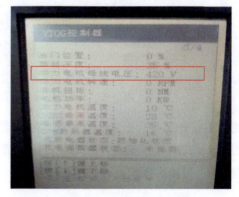

图 2-50　数据流读取内容

⑦ 为进一步判定是否 VTOG 控制器自检错误，打开高压配电箱，测量从电池包正极端到主接触器输入端电压为 308V，从主接触器到 VTOG 控制器正极输出端电压为 433V，见图 2-51，排除 VTOG 控制器故障。因主接触器输入端电压正常，主接触器输出端电压异常，仔细分析高压配电箱高压上电流程和充电流程，根据故障现象，每次第一次启动车辆主接

触器不能正常吸合和交流充电第一次不成功，怀疑为主接触器或交流充电接触器故障。高压配电箱内部结构如图2-52所示。

图2-51 测量的VTOG控制器正极输出端电压

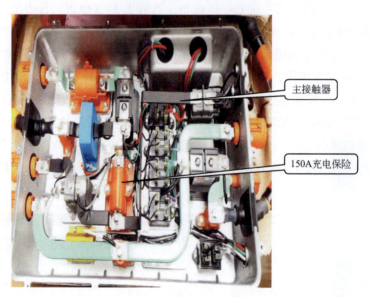

图2-52 高压配电箱内部结构（比亚迪e6）

⑧ 测量主接触器吸合正常，交流充电接触器发现该接触器一直处于导通状态，该交流充电接触器与VTOG交流充电正极母线处于导通状态，从而导致预充异常。

故障排除 更换高压配电箱后故障排除。

第3章

Chapter 3

高压电池系统维修

3.1 高压电池系统概述

3.1.1 高压电池系统组成与结构

高压电池模组放置在一个密封并且屏蔽的高压电池箱里面，高压电池系统使用可靠的高低压接插件与整车进行连接，高压电池模组的安装位置见图 3-1。高压电池系统内的 BMS 实时采集各电芯的电压值、各温度传感器的温度值、电池系统的总电压值和总电流值、电池系统的绝缘电阻值等数据，并根据 BMS 中设定的阈值判定电池系统工作是否正常，并对故障实时监控。高压电池系统通过 BMS 使用 CAN 与 VCU 或充电机之间进行通信，对高压电池系统进行充放电等综合管理。

高压电池系统也接收和储存由车载充电机、发电机、制动能量回收装置和外置充电装置提供的高压直流电，并且为驱动电动机控制器、DC/DC、电动空调、PTC 等高压元件提供高压直流电。

图 3-1 高压电池模组的安装位置

高压电池系统主要由高压电池模组、电池管理系统、高压电池箱及辅助元器件四部分组成，见图 3-2。

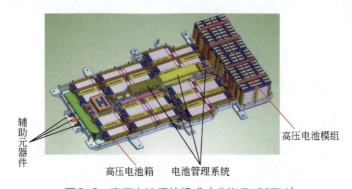

图 3-2 高压电池系统组成（北汽 E150EV）

电池单体是构成高压电池模块的最小单元，一般由正极、负极、电解质及外壳等构成，可实现电能与化学能之间的直接转换；电池模块是一组并联的电池单体的组合，该组合额定电压与电池单体的额定电压相等，是电池单体在物理结构和电路上连接起来的最小分组，可作为一个单元替换；模组是由多个电池模块或单体电芯串联组成的一个组合体，见图3-3。

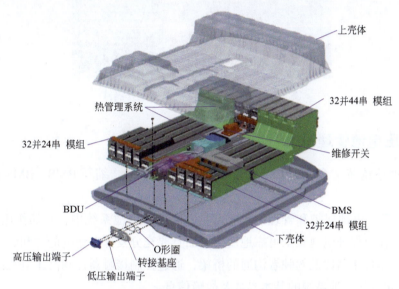

图3-3　高压电池模组结构组成（江淮新能源车型）

高压电池箱是支撑、固定、包围电池系统的组件，主要包含上盖和下托盘，还有辅助元器件，如过渡件、护板、螺栓等，高压电池箱有承载及保护高压电池组及电气元件的作用。

电池箱体螺接在车身底板下方，其防护等级为IP67，螺栓拧紧力矩为80～100N·m。整车维护时需观察电池箱体螺栓是否有松动，电池箱体是否有破损、严重变形，密封法兰是否完整，确保高压电池可以正常工作；在外观上，电池箱体外表面颜色要求为银灰或黑色，亚光，如图3-4所示；电池箱体表面不得有划痕、尖角、毛刺、焊缝及残余油迹等外观缺陷，焊接处必须打磨圆滑。

电池模组辅助元器件主要包括高压电池系统内部的电子电器元件，见图3-5，如熔断器、继电器、分流器、接插件、紧急开关、烟雾传感器等，维修开关以及电子电器元件以外的辅助元器件，如密封条、绝缘材料等。

图3-4　高压电池箱体（北汽E150EV）

第3章　高压电池系统维修

图 3-5　高压电池模组内部辅助元器件

3.1.2　高压电池管理系统

电池管理系统英文全称为 Battery Management System，缩写 BMS。BMS 模块实体如图 3-6 所示。

BMS 作用　电池保护和管理的核心部件，在高压电池系统中，它的作用就相当于人的大脑。它不仅要保证电池安全可靠地使用，而且要充分发挥电池的能力和延长使用寿命，作为电池和整车控制器以及驾驶者沟通的桥梁，通过控制接触器控制高压电池组的充放电，并向 VCU 上报高压电池系统的基本参数及故障信息。

BMS 功能　通过电压、电流及温度检测等功能实现对高压电池系统的过压、欠压、过流、过高温和过低温保护，继电器控制，SOC 估算，充放电管理，均衡控制，故障报警及处理，与其他控制器通信等功能；此外，电池管理系统还具有高压回路绝缘检测功能，以及为高压电池系统加热功能。

BMS 组成　按性质可分为硬件和软件，按功能分为数据采集单元和控制单元。

BMS 硬件　主板、从板及高压盒，还包括采集电压、电流、温度等数据的电子器件。

BMS 软件　监测电池的电压、电流、SOC 值、绝缘电阻值、温度值，通过与 VCU、充电机的通信，来控制高压电池系统的充放电。

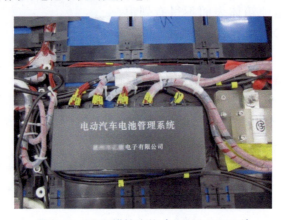

图 3-6　BMS 模块实体（北汽 E150EV）

3.2 高压电池总成维护

3.2.1 高压电池维护与保养

（1）高压电池总成存放要求

- 水平放置。
- 避免双层叠放。
- 勿直接放置于地面上，放置于橡胶垫上。
- 远离水源。
- 禁止杂物坠落于动力电池总成上。

（2）高压电池单体维护标准

- 密封盖无裂痕，无凹陷、凸起等变形。
- 托盘边缘无变形。
- 托盘压条螺钉无松动。
- 正、负极标识和高压警示标识清晰，无破损。
- 正、负极引出插孔内无异物。
- 正、负极引出附近螺栓无断裂。
- 采样线接口无破损。

3.2.2 高压电池事故处理

（1）碰撞

新能源车辆发生碰撞，请根据实际情况按照以下方法对车辆进行操作。

① 在有绝缘防护的条件下，将车辆车门打开。
② 检查车辆是否在 OFF 挡。
③ 断开前舱 12V 蓄电池。
④ 断开维修开关。
⑤ 查看高压电池托盘边缘是否开裂，有无明显液体流出。
⑥ 若有漏电、漏液现象，及时拆下高压电池及断开各模组采样线、高压连接线。

（2）水淹

若新能源车辆浸入深水中（深度超过电池托盘），请根据实际情况按照以下方法对车辆进行操作。

① 在有绝缘防护的条件下，将车辆从水中移出并打开车门。
② 检查车辆是否在 OFF 挡。
③ 断开前舱 12V 蓄电池。
④ 断开维修开关。
⑤ 清除车辆内部水迹，检查车辆高压电池是否漏电。

⑥ 若漏电，及时拆下高压电池及断开各模组采样线、高压连接线。

（3）泄漏

如果高压电池发生泄漏（有明显液体流出），请按照以下方法对车辆进行操作。

① 请将车辆退电至 OFF 挡，断开前舱 12V 蓄电池。

② 断开维修开关。

③ 及时拆下高压电池及断开各模组采样线、高压连接线。

④ 发生少量泄漏时，请远离火源，使用吸液垫吸附后置于密闭容器中，或采用焚烧方式处理。操作前请佩戴防腐蚀手套。

⑤ 发生大量泄漏时，请统一收集，按照危险化学品处理，可加入葡萄糖酸钙溶液来处理有毒气体 HF。

⑥ 当人体不慎接触泄漏液体时，应立即用大量水冲洗 10～15min，如果有疼痛感，可用 2.5% 的葡萄糖酸钙软膏涂敷，或用 2%～2.5% 的葡萄糖酸钙溶液浸泡止痛。若无改善或出现不适症状，请立即就医。

（4）起火

如果车辆起火，请根据实际情况按照以下方法继续对车辆进行操作。

① 若条件允许，将车辆退电至 OFF 挡、断开前舱 12V 蓄电池、断开维修开关。

② 使用灭火器（请勿使用水基型灭火器）灭火，并立即拨打 119 电话救援。

③ 如果火势较大，发展较快，请立即远离车辆，并立即拨打 119 电话救援。

3.2.3　高压电池容量测试及校正

电池容量测试步骤：

- 放电至下限保护电压（单节电压 2.2V），即 0%SOC。
- 充电至上限保护电压（单节电压 3.8V），即 100%SOC。
- 记录充入的容量 C。
- 充电结束后，拔掉充电器，关闭充电口舱门。
- 连接 VDS1000，将标称容量更改为 C。

以比亚迪唐 DM 车型为例，电池包标称容量标定方法如下。

① 确认电池包标称容量（品检代号）、SOC。

② 进入系统标定设置，见图 3-7。

图 3-7　进入系统标定设置

以标定出厂容量为例，进入设置界面如图 3-8 所示。

品检代号命名规则：A 为 0、B 为 1、C 为 2……

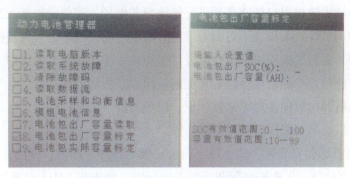

图 3-8　电池包容量标定设置界面

3.3　高压电池模组整体拆装

3.3.1　需要工具及注意事项

以比亚迪新能源车型为例，高压电池模组拆卸所需设备及工具如表 3-1 所示。

表 3-1　高压电池模组拆卸工具及设备

图示	名称	规格	主要作用
	高压绝缘工具套件	耐压 1000V 以上	拆卸螺钉等
	举升机	汽修专用举升机	抬高车辆
	简易支架	高度 1.2～1.4m，承重 1000kg	托住高压电池
	套筒扳手套件	常用的汽车维修工具	拆卸车辆零部件
	升降平台	台面尺寸 1800mm×800mm，抬升高度不低于 1.4m，承重 1000kg 以上	托住高压电池
	叉车	承重 300kg 以上，提升高度 1.5m 以上	移动高压电池

高压电池属于高压危险产品，维修人员拆装过程需注意以下事项。

① 高压电池卸下前应立即断开电池包维修开关，且开关插座进行覆盖绝缘保护。

② 高压电池动力输出出口插座必须进行绝缘覆盖保护，避免异物落入造成触电。

③ 拆卸过程中，注意采样线不得用力拉拔、过度弯曲，以防信号线被损坏。

④ 安装过程，螺钉紧固扭矩必须按照设计扭矩要求使用专业工具紧固。

⑤ 动力铜排连接片与模组连接位置装配前应除尘、去污处理。

⑥ 高压电池拆卸过程中注意零部件标识，以免遗漏或装错。

⑦ 安装完成后必须对紧固件打扭力标。

⑧ 高压电池拆卸和安装过程禁止以下行为：暴力拆卸、跌落、碰撞、模组倾斜、重压模组、采样线过度拉扯、人为短路等非正常工作行为，禁止非工作人员拆卸。

3.3.2 高压电池模组拆卸步骤

为避免造成人身伤害，在无佩戴相应防护用具的情况下，请不要接触或对高压电池进行操作。操作前请将车辆退电至 OFF 挡，比亚迪 e6 车型请按以下流程拆卸：准备→断开维修开关→拆卸后排座椅→拆卸动力连接线→拆卸采样信号线→拆卸进出水口→拆卸底部螺钉→结束。

拆卸过程中，部分零部件具有锁紧功能，请不要用蛮力，请注意对高压电池进行防护。

（1）断开维修开关（见图3-9）

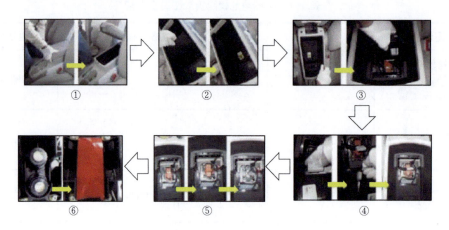

图3-9　断开维修开关操作步骤

① 打开车辆内室储物盒，并取出内部物品。

② 取出储物盒底部隔板。

③ 使用十字螺丝刀（旋具）将安装盖板螺钉（共4个）拧下，并掀开盖板。

④ 取出维修开关上盖板。

⑤ 拉动维修开关手柄呈竖起状态，向上提拉，取出维修开关。

⑥ 使用电工绝缘胶布封住维修开关接插件母端。

（2）拆卸后排座椅（见图3-10）

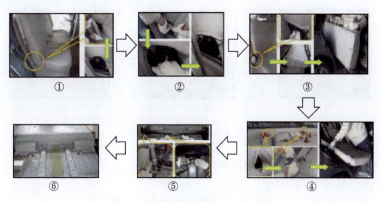

图3-10　拆卸后排座椅操作步骤

① 取下后排座椅两侧螺钉盖板。
② 拆下座椅折弯处螺钉（21mm）。
③ 同时拉动座椅两侧弯折处黑色拉绳，并将座椅靠背前倾，取出座椅靠背。
④ 拆掉座椅安全带后缝隙处螺钉（10mm）并取出座椅。
⑤ 卸掉座椅横梁固定螺钉以及安全带固定螺钉。
⑥ 取出横梁。

（3）拆卸高压连接线（见图3-11）

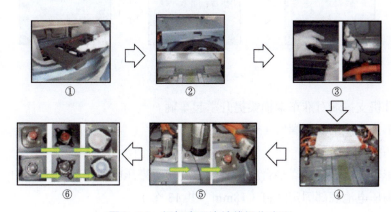

图3-11　拆卸高压连接线操作步骤

① 打开后备厢，取出物品。
② 拆卸高压配电箱保护盖板固定螺钉（10mm）。
③ 拔掉高压配电箱保护盖板上的信号连接线接口。
④ 取出高压配电箱保护盖板。
⑤ 取掉正负极接插件的红色卡扣，轻提黑色卡扣，听到"咔"的声响后，拔掉接插件。
⑥ 拆卸正负极引出固定板，并使用保护盖或电工绝缘胶布对正负极引出进行防护。

（4）拆卸采样信号线（见图3-12）

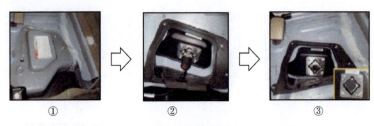

图3-12　拆卸采样信号线

① 拧下采样信号线盖板螺钉（10mm）并取下盖板。
② 旋转采样信号线连接卡扣。
③ 取下采样信号线接插件。

（5）拆卸底部螺钉（见图3-13）

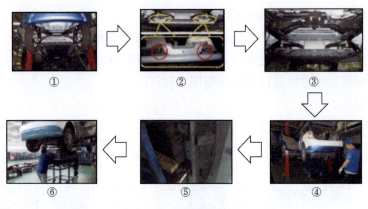

图3-13　拆卸底部螺钉

① 用举升机支撑端对准车架横梁提升举起车辆。
② 拆卸车头防撞梁固定螺钉（17mm）。
③ 取掉防撞梁。
④ 调整车辆高度，将升降平台或简易支架旋转于高压电池底部顶住高压电池。
⑤ 拆卸高压电池底部固定螺钉（18mm，共13个）。
⑥ 提升车辆高度，并经高压电池拉出。

3.3.3　高压电池模组安装步骤

高压电池模块安装的步骤与拆卸以相反过程进行：准备→安装高压电池→安装进出水口→安装信号接插件及正负极→安装后排座椅→安装维修开关→结束。

① 安装高压电池操作步骤如图3-14所示。

用电动叉车将高压电池放置在举升平台或简易支撑架上，并推入安装工位，高压电池自重约750kg，请注意安全操作。

图3-14 用举升平台或简易支架安装高压电池

对正位置,将车身降到合适高度,将高压电池的信号采集线通过底盘预留的信号采集线口牵引至车舱内,然后继续下降至底盘与高压电池边缘相接触,对角固定安装高压电池螺钉,以150N·m的力矩拧紧。

② 安装信号接插件及正负极操作步骤如图3-15所示。

注意信号接插件安装时应避免过度扭曲(不允许超过180°),正负极固定板共8个螺母,规格为M10,安装扭矩为7.8~8.3N·m。安装正负极时必须佩戴绝缘手套。

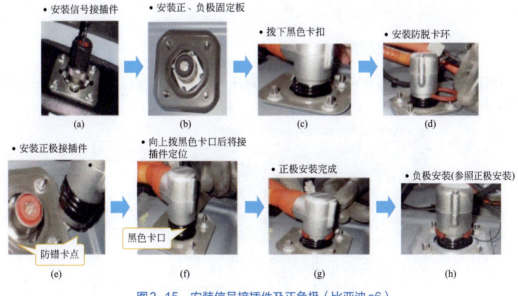

图3-15 安装信号接插件及正负极(比亚迪e6)

③ 安装后排座椅步骤与拆卸过程相反。

④ 安装维修开关操作步骤如图3-16所示。

安装维修开关时,必须确保整车低压电源已经关闭,启动按钮未按下(切忌在整车低压电源通电状态下进行应急开关的拔插,否则可能会对控制器造成损害)。维修开关安装后,应及时安装盖板、橡胶垫,紧固螺钉也须按要求锁紧。

图 3-16 安装维修开关（比亚迪 e6）

3.4 高压电池模组内部拆装

3.4.1 电池模块总成拆解

以江淮新能源 IEV6、IEV7 车型为例，其高压电池模组由左前、右前及后部三个模块组成，如图 3-17 所示。

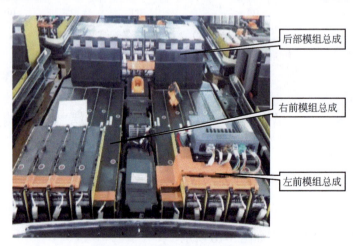

图 3-17 高压电池模组组成模块

① 拆卸 BDU 上壳体，拆卸连接左前模组总成与 BDU 输出铜条和高压护盖，见图 3-18。提示：为了防止被电击，应立即使用绝缘胶带包裹好断开连接的高压连接端子。

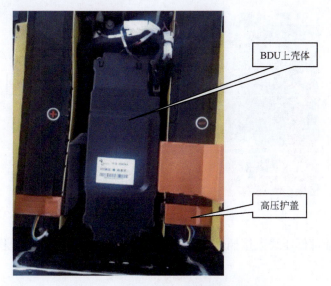

图3-18　拆卸BDU上壳体与高压护盖

② 移除中央风道海绵条，移除左风道盖板塑料卡钉，拆卸左风道盖板，见图3-19。

图3-19　移除中央风道海绵条与风道盖板

③ 拆卸左前模组总成与后部模组总成模组间软连接，见图3-20。

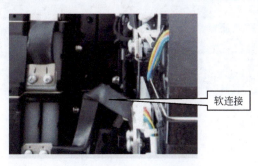

图3-20　拆卸软连接件

④ 拔出LBC低压线束接插件，拆卸线束固定盖板，分别移除低压线束及其线束固定下盖，见图3-21。

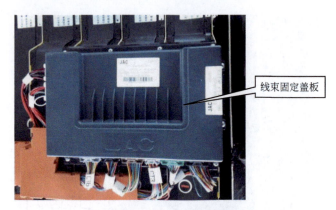

图 3-21　拆卸线束固定盖板

⑤ 拔出模组前部低压线束接插件，拆卸左前模组总成固定螺母，见图 3-22。

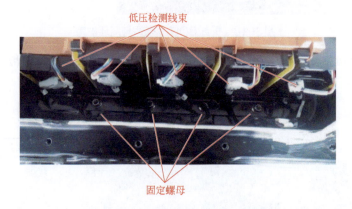

图 3-22　取出低压检测线束连接端子

⑥ 拆卸左前模组总成测压钣金固定螺栓，见图 3-23。

图 3-23　拆卸固定螺栓

⑦ 移除左前模组总成，将左前模组总成放置在绝缘的工作台上。

⑧ 拆下后模组总成的风道盖板，见图 3-24。

图3-24 拆下后模组总成风道盖板

⑨ 拔出后部模组总成低压线束接插件,见图3-25。移除后部模组总成低压主线束固定卡口,移除低压主线束。

图3-25 拔出低压线束接插件

⑩ 分别拆除左前、右前模组总成与后部模组总成间高压护盖及软连接,见图3-26。

图3-26 拆卸软连接件

⑪ 拆卸后部模组总成与维修开关间软连接高压护盖,移除软连接。拆卸维修开关支架固定螺栓,移除维修开关软连接支架,见图3-27。

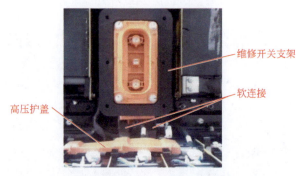

图 3-27 拆卸高压护盖、维修开关支架与软连接

⑫ 分别拆卸后部模组总成固定件与下壳体总成固定螺栓，见图 3-28。

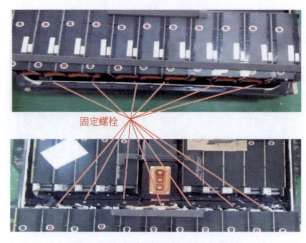

图 3-28 拆卸壳体总成固定螺栓

⑬ 移出后部模组总成，并放置于绝缘的工作台上。

拆装作业警示 在所有拆卸过程中，应确保穿好防护用品；不得有裸露在外的高压连接端子及高压软连接，如有，应立即用绝缘胶带包裹好；即使使用防护设备触碰高压部件，仍有可能会被电击。

3.4.2 电池模组更换方法

下面以比亚迪秦 PHEV 车型为例，示范讲解其高压电池模组的更换步骤及方法。

① 如图 3-29 所示，拉动维修开关手柄呈竖直状，拔去维修开关。维修开关拔出时需佩戴高压绝缘手套。

② 拔出蓄电池负极，见图 3-30。

图 3-29 取出维修开关

图3-30　拔出蓄电池负极

③拆除动力电池包前、后盖板，见图3-31。

图3-31　拆除动力电池包前、后盖板

④拆除前、后部动力电池包串联线，见图3-32，注意：需佩戴绝缘手套。

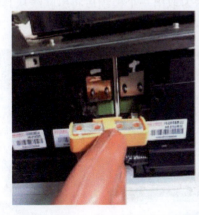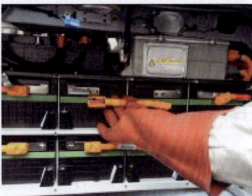

图3-32　拆除前、后部动力电池包串联线

⑤拔下BIC采样线接插件，见图3-33。
⑥拆除BIC采样线固定板，见图3-34。

图3-33 拔下采样线接插件

图3-34 拆除采样线固定板

⑦ 拆除模组固定螺栓,见图3-35。

⑧ 取出模组,见图3-36。注意:戴好绝缘手套,小心取出模组,避免挤压,碰撞!

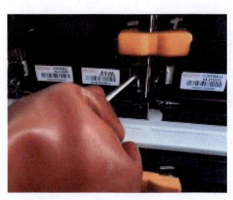

图3-35 拆除模组固定螺栓

图3-36 取出电池模组

⑨ 搭接动力电池包特定的串联线将其中模组的负极与另一个模组的正极连起来(图3-37所示为取下两个模组的搭接方式;图3-38所示为取出一个模组后将串联线从其中穿过将隔壁两个模组正负极搭接的方式)。注意:戴好绝缘手套且务必将串联线打紧。

图3-37 取下两个模组的搭接方式

图3-38 取出一个模组的搭接方式

维修模式充电设置

① 整车上 ON 挡电。

② 连接诊断仪，进入高压电池管理器，见图 3-39。

③ 选取"9"进入维修模式设置，见图 3-40。

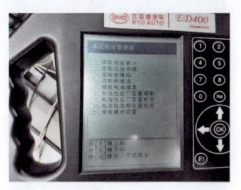

图 3-39　诊断仪进入"高压电池管理器"

图 3-40　进入维修模式设置

④ 退出，重新进入当前工作模式查询，若显示已在维修模式，则可以插枪车载充电。

⑤ 车载充电完成后，重新进入诊断仪，选择退出维修模式，见图 3-41。注意：充满之后一定要记得退出维修模式！

拆卸注意事项

① 拆卸时一定要保证整车退至 OFF 挡且维修开关处于断开状态。维修开关拔出和恢复时一定要佩戴绝缘手套。

② 拆卸动力电池包前后部串联线及取出模组时一定要佩戴绝缘手套。

图 3-41　退出维修模式

③ 拆卸动力电池包前后串联线时一定不要两人同时操作，只能由一人单独完成！恢复过程也只能由一人单独完成。

④ 必须先将故障模组拆除，显示连接好之后才能用诊断仪请求进入维修模式。在 ON 挡电请求完进入维修模式后直接插枪充电，若退电了，则管理器复位，还要重新请求。

⑤ 维修模式下只能进行车载充电，若进行其他操作可能会有风险。

⑥ 拆除模组的采集器必须串联在线束上（即连接通信接插件）。

3.4.3　电池管理模块的拆装

以众泰芝麻 E30 车型为例，其模块拆装步骤及注意事项如下。

① 断开电池箱盖上的维修开关，注意要先提起维修开关的锁扣，见图 3-42。

② 松开箱体上的螺栓，包括车底固定板处的 6 颗 M6×30 螺栓及箱盖周边的 34 颗

M5×10 螺栓，见图 3-43。

图 3-42　提起维修开关锁扣

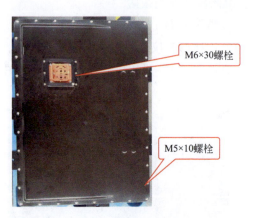

图 3-43　松开箱体上紧固螺栓

③断开 H-BMU 主板上的 4 个插接头线束，见图 3-44。

图 3-44　断开线束插接头

④松开支架固定于箱体上的 2 颗螺栓，见图 3-45，取出 H-BMU 主板及支架。

图 3-45　松开箱体固定螺栓

⑤松开 H-BMU 固定于支架上的 4 颗 M5×10 组合螺钉，取出 H-BMU 主板，见图 3-46。

图 3-46　H-BMU 主板

安装按照与拆卸步骤的相反顺序进行。

3.4.4 电池单体及加热片的拆装

① 松开成串模组连接处的防护罩及模组连接铜排，见图 3-47。
② 松开单体电池模组连接处的连接片、信号采集线束及温度采集线，见图 3-48。

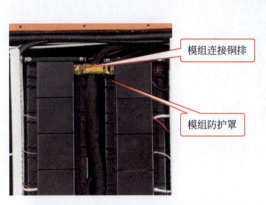

图 3-47　松开防护罩与模组连接铜排　　　　图 3-48　松开连接片与采集线束

③ 松开线槽安装支架处的螺栓，见图 3-49，取下线槽总成。
④ 断开加热片的接插件线束，见图 3-50。

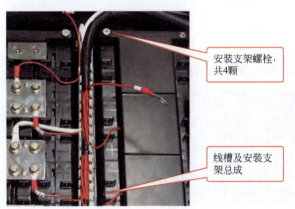
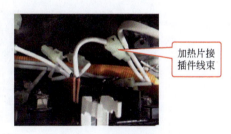

图 3-49　松开支架螺栓　　　　图 3-50　断开加热片线束

⑤ 松开成串模组固定于箱体的 4 颗螺栓，见图 3-51，取出成串模组。
⑥ 松开成串模组侧面的 8 颗螺栓，见图 3-52，取下成串模组侧面的加热片，共 2 片。

图 3-51　拧下固定箱体的螺栓　　　　图 3-52　松开模组侧面螺栓

⑦ 松开成串模组两边的紧固螺母及螺杆，取下两边的模组安装支架、侧支撑板及单体电池模组，见图3-53。

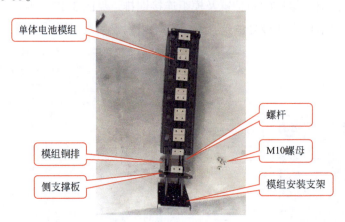

图3-53 取下单体电池模组

安装按照与拆卸步骤的相反顺序进行。

3.5 电池管理系统故障排除

3.5.1 高压电池包故障

故障现象 比亚迪唐车辆无 EV 模式。组合仪表提示请检查动力系统（见图3-54）。

图3-54 故障现象

故障诊断

① 用 VDS1000 读取发现 BMS 内有故障码：P1A2000（BIC1 温度采样异常故障）；P1A5000（电池管理系统自检故障）、P1A9500（因采样系统故障导致充放电功率为 0），见图3-55，初步怀疑是高压电池内部故障。

图3-55 系统故障码内容

② VDS1000 读取的 BMS 数据流第 1 页，见图 3-56。

数据项	数据值		最小值	最大值
漏电次数	1	次	0	65535
SOC	99	%	0	100
电池组当前总电压	718	V	0	1000
电池组当前总电流	-0.4	A	-500	1000
最大允许充电功率	0.0	kw	0	500
充电次数	0			
最大允许放电功率	161.2	kw	0	500
累计充电电量	41	AH		
累计放电电量	28	AH		
累计充电电能	6656	kwh		
累计放电电能	4608	kwh		
历史顶端压差	212	mV	0	5000
历史底端压差	379	mv	0	5000
绝缘阻值	65535	KΩ		
放电是否允许	不允许			

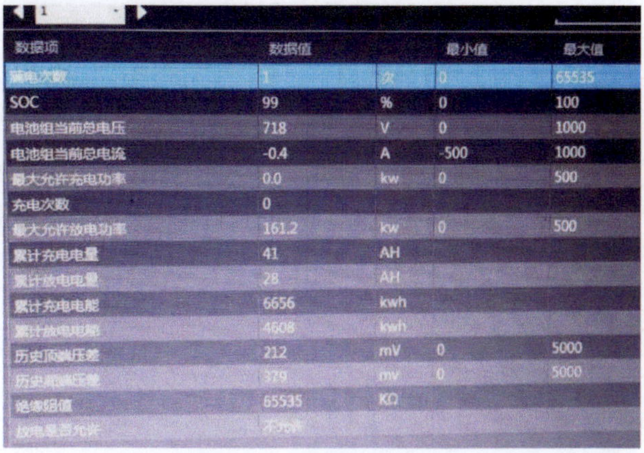

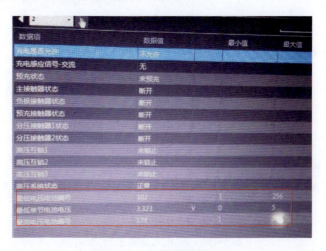

图 3-56　BMS 数据流之一

VDS1000 读取的 BMS 数据流第 2 页，见图 3-57。

数据项	数据值		最小值	最大值
充电是否允许	不允许			
充电感应信号-交流	无			
预充状态	未预充			
主接触器状态	断开			
负极接触器状态	断开			
预充接触器状态	断开			
分压接触器1状态	断开			
分压接触器2状态	断开			
高压互锁1	未锁止			
高压互锁2	未锁止			
高压互锁3	未锁止			
高压系统状态	正常			
最低电压电池编号	102		1	256
最低单节电池电压	3.323	V	0	5
最高电压电池编号	124		1	

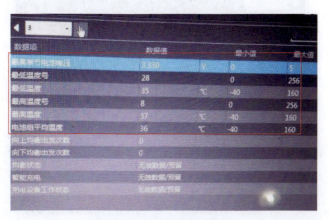

图 3-57　BMS 数据流之二

VDS1000 读取的 BMS 数据流第 3 页，见图 3-58。

数据项	数据值		最小值	最大值
最高单节电池电压	3.330	V	0	5
最低温度号	28		0	256
最低温度	35	℃	-40	160
最高温度号	8		0	256
最高温度	37	℃	-40	160
电池组平均温度	36	℃	-40	160
向上均衡出发次数	0			
向下均衡出发次数	0			
均衡状态	无效数据/预留			
智能充电	无效数据/预留			
用电设备工作状态	无效数据/预留			

图 3-58　BMS 数据流之三

VDS1000 读取的 BMS 模组信息数据流第 1 页，见图 3-59。

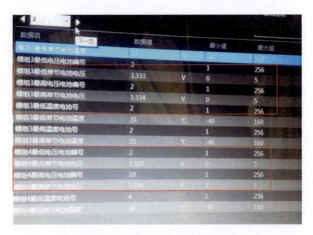

图 3-59　BMS 模组数据流之一

VDS1000 读取的 BMS 模组信息数据流第 2 页，见图 3-60。

图 3-60　BMS 模组数据流之二

VDS1000 读取的 BMS 模组信息数据流第 3 页，见图 3-61。

图 3-61　BMS 模组数据流之三

VDS1000 读取的 BMS 模组信息数据流第 4 页，见图 3-62。

图 3-62　BMS 模组数据流之四

VDS1000 读取的 BMS 模组信息数据流第 5 页，见图 3-63。

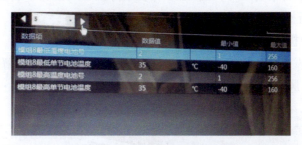

图 3-63　BMS 模组数据流之五

③ 通过 VDS1000 读出的 BMS 和电池包各模组的数据流信息并没发现数据异常。

④ 用上位机检查发现第 138 节单节电压约为 2.1V，第 139 节单节电压约为 4.5V，相差很大，见图 3-64。由此确认为高压电池包内部故障。

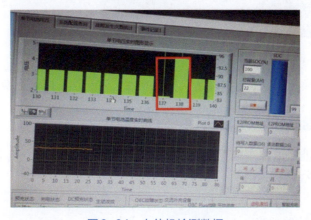

图 3-64　上位机检测数据

故障排除　更换高压电池包总成。

3.5.2 高压电池采样线故障

故障现象 比亚迪唐车辆 SOC 78%，无 EV 模式。如图 3-65 所示，仪表报"请检查动力系统"，BMS 存在故障码：P1A3D00（负极接触器回检故障），见图 3-66。

图 3-65 仪表显示"请检查动力系统"

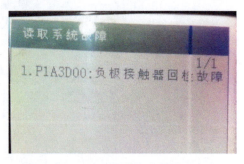

图 3-66 BMS 系统存在故障码内容

检修过程

① 因车辆提示动力系统故障，且 BMS 存在故障码 P1A3D00。首先对 BMS 负极接触器电源、控制电路进行检查。

② 检查 BMS 负极接触器 F 脚电源供给正常（k161 母端）。

③ 进一步排查发现高压电池采样端子（k161 公端——公端可理解为插头端子，母端为插座端子，下同）F 脚出现退针现象，见图 3-67。

图 3-67 连接端子退针

故障排除 更换高压电池采样端子，如无单独部件更换，则须更换高压电池包总成。

3.5.3 电池管理系统初始化失败

故障现象 江淮新能源车辆无法启动，系统故障灯点亮，上位机上报故障为电池管理系统初始化失败（P3013）。

故障分析

① LBC 板供电线路故障。

② LBC 板故障，LBC 板实体见图 3-68。

故障排除 断开高压电池低压端接插件，见图 3-69，车辆上 ON 挡电，检测 LBC 板

12V 供电是否正常。如供电正常，则为 LBC 板故障；如供电异常，则需结合维修手册排查供电线路。

图 3-68　LBC 板实体

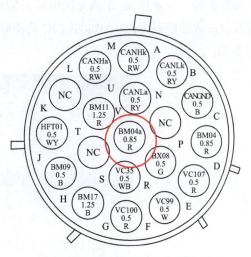

图 3-69　高压电池低压接插件端子

3.5.4　高压电池 SOC 跳变

故障现象　比亚迪唐车辆在高速上 SOC 从 68% 迅速跳至 0%，用诊断仪读取最低单节电池电压为 2.10V，最高 3.33V，见图 3-70。

故障排除

① 经检查发现电脑上位机读取数据显示第 37 节电池电压严重过低。

② 调换 BMS 最低单节电池后，电压严重过低的电池仍为第 37 节，排除 BMS 故障。

③ 举升车辆发现电池包托盘有被撞击的痕迹，见图 3-71。根据撞击部位与第 37 节电池位置吻合，此故障判断为撞击导致。

图 3-70　诊断仪读取的电压值

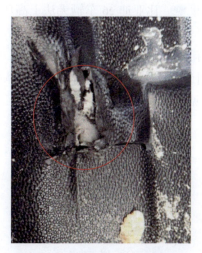

图 3-71　高压电池包托盘被撞击

④ 更换高压电池包总成后，故障排除。

3.5.5 高压电池严重不均衡

故障现象 比亚迪 e6 车辆充满电后只能行驶 80km 左右，仪表报"请检查动力电池"，用诊断仪读取故障码为：P1AB800（BIC 均衡硬件严重失效）、P1ABA00（电池严重不均衡），见图 3-72。

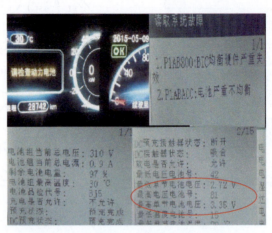

图 3-72 仪表提示，故障码显示及数据流

故障排除

① 对车辆进行全充全放一次。

② 调换 BMS，测试 80%、50%、0% 单节电池电压数据流，观察最低电压电池号是否一致；数据如图 3-72 所示。

③ 更换高压电池。

3.5.6 高压电池采集器通信超时

故障现象 比亚迪 e6 车辆无法上高压，挂挡不走。仪表提示"请检查动力电池"，见图 3-73。

故障排除

① 用诊断仪检测电动机控制器无故障码，检测高压电池管理器均报 0～9 号采集器通信异常，见图 3-74。

图 3-73 仪表检修提示

图 3-74 高压电池管理器报故障

② 检测电池包采样线无12V输入，CAN-H与屏蔽地阻值大于1MΩ，CAN-H与CAN-L阻值123Ω。e6A高压电池包采样端子定义如图3-75所示，e6B高压电池包采样端子定义如图3-76所示。高压电池包体采样端子电压与阻值如下：

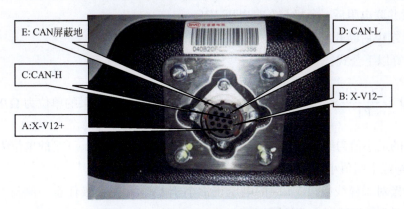

图3-75　e6A高压电池包采样端子定义

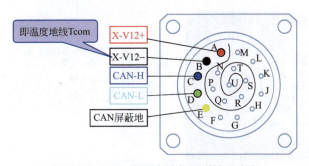

图3-76　e6B高压电池包采样端子定义

a. X-V12+ 对与 X-V12– 电压：12V 左右（注：此值为线束端的测量值）。
b. CAN-H 与 CAN-L 阻值：122Ω 左右。
c. CAN-H 与屏蔽地阻值：正常值 >1MΩ。
d. CAN-L 与屏蔽地阻值：正常值 >1MΩ。
e. 电池包正极与 X-V12– 电压：正常值 < 20V。
f. 电池包负极与 X-V12– 电压：正常值 < 20V。
g. 电池包正极对负极（电池包总电压）。

3.5.7　高压电池包漏电检修方法

一般故障表现形式：仪表 OK 灯不亮，仪表提示请检查动力系统，高压系统漏电故障。
断开电池包与车身所有连接（正负极引出、采样线接口），闭合维修开关总成，用万用表测试电池包各项参数：
① 闭合维修开关。
② 使用万用表测量高压电池总电压 V。
③ 使用万用表测量正极与车身电压 V_1。

第3章　高压电池系统维修　　065

④ 使用万用表测量负极与车身电压 $V2$。
⑤ 万用表笔更换为并联定值电阻表笔，并将挡位拨至电阻挡，测量定值电阻值 R。
⑥ 万用表挡位拨回直流电压挡，测量并联电阻后，正极与车身电压 $V1'$。
⑦ 测量并联电阻后，负极与车身电压 $V2'$。
⑧ 测量结束后断开维修开关。

分别计算以下公式：

$$R1 = \frac{V1 - V1'}{V1'} \times \frac{R}{V} \quad \text{和} \quad R2 = \frac{V2 - V2'}{V2'} \times \frac{R}{V} \quad （计算结果的单位为 \Omega/V）$$

两者中的最小值为绝缘电阻（计算过程中，V、$V1$、$V1'$、$V2$、$V2'$ 的单位为 V，R 的单位为 Ω）。绝缘电阻值小于 $500\Omega/V$，为漏电。

正、负极对采样线接口 V12− 的电压正常小于 1V，正、负极任意一侧与 V12− 的电压大于 20V，即判断温感漏电（见图3-77）。

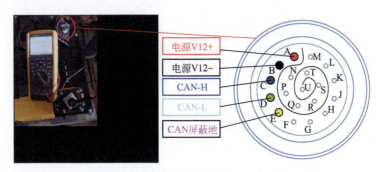

图3-77　高压电池包低压端子检测

3.5.8　单个电池模组故障

故障现象　比亚迪秦 PHEV 车辆上 OK 挡电后，发动机启动，无法转换到 EV 模式，当前电量 12%，动力系统故障灯点亮，仪表提示"请检查动力系统"，读取故障码为：P1A3400（预充失败故障）。

故障分析
根据预充原理分析，导致该故障原因有：
① 电池包或 BIC（采集器）故障。
② 高压 BMS 故障。
③ 驱动电动机控制器故障。
④ 线路连接故障。

检修过程
① 在上 OK 挡电的预充过程中读取驱动电动机控制器数据流，发现当前总电压最高为 13V，无高压输入，见图3-78。

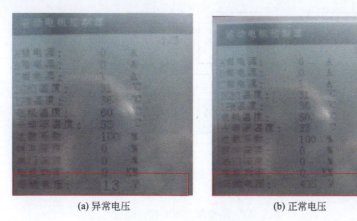

(a) 异常电压　　　　　　　　(b) 正常电压

图3-78　母线电压输出对比

②在上 OK 挡电的预充过程中读取高压 BMS 数据流，确认 4 个分压接触器、预充接触器、负极接触器皆处于正常的吸合状态，由此判断高压 BMS 控制各接触器正常，应属于某个接触器或电池包故障，导致高压电并未输入至驱动电动机控制器，见图3-79。

③按高压电的走向，依次进行测量，见图3-80。

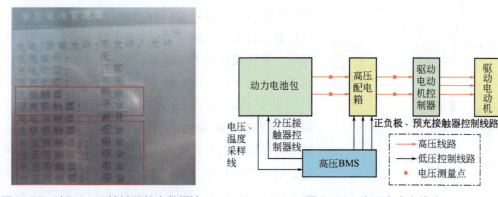

图3-79　读取BMS接触器状态数据流　　　　图3-80　高压电走向线路

④整车退电，再上 ON 挡电，测量电池包正负极电压为 0（正常应为电池包总电压），故分析是某分压接触器未正常吸合或电池模组故障导致。测量点见图3-81。

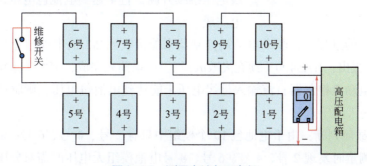

图3-81　测量电池包正负极

⑤如图3-82所示，分别对10个电池模组电压进行测量，测量发现2号模组电压为0，确认2号电池模组故障或2号模组的分压接触器线路故障、高压 BMS 故障。

第3章　高压电池系统维修

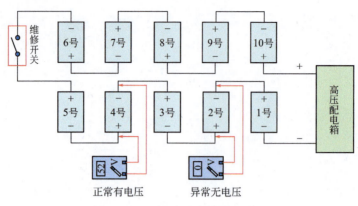

图3-82 测量单个电池模组电压

⑥ 拔开 2 号模组分压接触器接插件，测量线束端，两根线路之间有 12V 电压，见图 3-83，证明 BMS 及线路端正常。

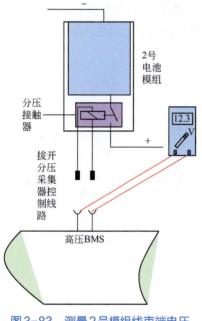

图3-83 测量2号模组线束端电压

故障排除 更换 2 号电池模组，故障排除。

维修小结

① 上 ON 挡电电池包预充接触器控制逻辑：车辆上 ON 挡电，高压 BMS 直接控制 4 个分压接触器吸合，分压接触器吸合后，高压 BMS 对电池包进行检测，如有漏电、采样线故障等电池异常情况，4 个分压接触器将断开，如无异常，4 个分压接触器将一直处于吸合状态。

② 上 OK 挡电预充过程：车辆上 OK 挡电，高压 BMS 吸合高压配电箱的预充接触器、负极接触器，驱动电动机控制器的直流输入母线电压上升，当达到电池包总电压的 2/3 时，预充完成，驱动电动机控制器给高压 BMS 发送命令，高压 BMS 接收到预充完成命令后，断开预充接触器，吸合主接触器（正极接触器），预充完成。由于主接触器的吸合，驱动电动机控制器直流母线电压继续升高，直至达到电池包电压，车辆高压电上电完成。

如果在预充的过程中，驱动电动机控制器未能接收到 2/3 的电池包总电压，则预充失败，高压 BMS 报出：P1A3400（预充失败故障）。如果预充完成，但由于主接触器故障等原因，导致驱动电动机控制器直流输入母线电压未能达到电池包电压，则驱动电动机控制器报出：高压侧输入欠压。

③ 电池包故障判断：由于电池包 10 个模组中只有 2 号、4 号、6 号、8 号有分压接触器，因此，如测量时发现 2 号、4 号、6 号、8 号电池模组无电压时需对分压接触器线路进行测量，其他模组无电压，可直接判断为电池包故障。4 个分压接触器集成在电池模组内，由高压 BMS 控制 12V 电源及搭铁线路信号。因此测量分压接触器时拔开分压接触器接插件，测量线束端两根针脚之间是否有 12V 电，如有，则可判定高压 BMS 控制及线路正常。

④ 如果在上 OK 挡电的过程中，驱动电动机控制器直流输入母线电压有所升高，但是依旧无法达到 2/3 电池包总电压，则先拔开电动空调、PTC 进行测试。

3.5.9　车辆行驶中无能量回收

故障现象　比亚迪秦 PHEV 车辆在 HEV 模式行驶，仪表中的能量传递图上无电池包能量回收显示，读取高压 BMS 故障码为：单节电池电压高故障。

故障分析　单节电池电压的采集是各电池模组的 BIC 采集单节电池电压，通过 CAN 线反馈至高压 BMS，因此导致单节电池电压高故障的原因有：电池模组故障、BIC 故障。

检修过程

① 进入高压 BMS，选择"读取数据流"，读取最高电压为 3.547V，高压电池为 48，见图 3-84。

② 进入高压 BMS，选择"模组电池信息"，分别读取 10 个模组中的"最高单节电池电压"，确认 3 号模组中最高电压为 3.55V，电池号编号为 14，见图 3-85，与数据流中的最高单节电池电压相同，因此判定电池包中单节电池电压高的电池为 3 号模组中的 14 号电池。

图 3-84　读取 BMS 数据流　　图 3-85　读取电池模组信息

③ 根据电池包各模块内电池数量的差异，1 号、3 号、5 号 BIC 可以进行互换，于是将 3 号、5 号 BIC 进行对调，再次确认 3 号模组与 5 号模组的最高电池电压，发现最高电压 3.55V 的电池在 5 号模组中，于是判断 3 号模组故障。BIC 调换前测量数据如图 3-86 所示。

BIC 调换后测量数据如图 3-87 所示。

(a) 3 号模组电池信息　　(b) 5 号模组电池信息

图 3-86　BIC 调换前电池信息对比

故障排除　更换 3 号模组后故障排除。

维修小结

① BIC 交叉验证时的互换性：电池包是由 10 个模组组成，每个模组内电池节数并非完全相同，只有电池节数相同的模组，BIC 才可以

(a) 3 号模组电池信息　　(b) 5 号模组电池信息

图 3-87　BIC 调换后电池信息对比

互换。图3-88所示为各模组内电池节数。

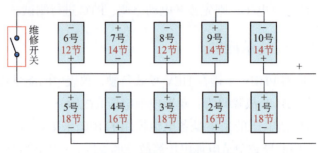

图3-88　模组内部电池节数

② 数据流中的电池编号是从1号模组开始计算，如48号电池是18（1号模组节数）+16（2号模组节数）+14（3号模组第14节）。以此方法确认每节电池是在哪个模组内的具体位置。

③ 如果调换BIC后，模组电池信息数据未变化，则是BIC故障。

3.5.10　高压电池电量偏低故障

故障现象

① 组合仪表报"安全停车、怠速充电"，见图3-89。

② 查看高压电池电量显示：电量为0或者仅有2格，且在闪烁。

③ 高压电池电量由原来的4格电以上，突然跳变到1格或者0，见图3-89。

④ 报这故障时，车辆能进入READY状态，但组合仪表一直提示故障并发出"滴滴滴滴"的声响。

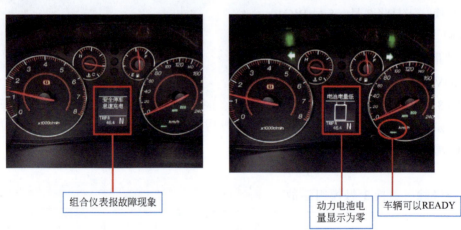

图3-89　仪表报故障内容

故障诊断

① 用诊断仪读取系统故障码，如图3-90所示。

序号	控制器	硬件号	软件号	零件号	故障码	故障类型	正义	状态
1	制动控制系统	8030009BAC020H.0	8030009BAC020S.0	8030009BAC0200	无故障码			
2	助力转向系统	3410006BAC010H??	3410006BAC010S??	3410006BAC0100	无故障码			
3	发动机控制模块	1120003BAC1100H.C	1120003BAC1100S.C	1120003BAC1100	无故障码			
4	辅助安全系统	8040003BAC010H???	8040003BAC010S???	8040003BAC0100	U041881	历史的	从BCS收到的车速值无效 或者 BCS_VehSpdVD的值是无效的	28
5	电池管理系统				通讯异常			
6	前驱电机	1520007BAC0000H.0	1520007BAC0000S.3	1520007BAC0000	无故障码			
7	混动控制系统	1110003BAC0300H.B	1110003BAC0300S.B	1110003BAC0300	P0A7D00	当前的	高压电池SOC过低（1级）	0B
8	混动控制系统	1110003BAC0300H.B	1110003BAC0300S.B	1110003BAC0300	P16FB84	当前的	高压电池单体电压过低（2级）	0B
9	混动控制系统	1110003BAC0300H.B	1110003BAC0300S.B	1110003BAC0300	P16FC84	当前的	高压电池电池包电压过低（2级）	0B
10	混动控制系统	1110003BAC0300H.B	1110003BAC0300S.B	1110003BAC0300	P16FCAE	当前的	高压电池电池单体电压不平衡（1级）	0B
11	混动控制系统	1110003BAC0300H.B	1110003BAC0300S.B	1110003BAC0300	P166496	当前的	高压电池初始化错误	0B
12	混动控制系统	1110003BAC0300H.B	1110003BAC0300S.B	1110003BAC0300	P17051C	历史的	发电机 12V电源电压超出范围	08
13	混动控制系统	1110003BAC0300H.B	1110003BAC0300S.B	1110003BAC0300	P0A0B13	历史的	HVIL反馈线开路	0A
14	混动控制系统	1110003BAC0300H.B	1110003BAC0300S.B	1110003BAC0300	U10C181	历史的	HVIL线断开	0A
15	集成启动发电机	1520007BAC0000H.0	1520007BAC0000S.3	1520007BAC0000	无故障码			
16	娱乐系统	8520003BAC020H??	8520003BAC020S??	8520003BAC0200	无故障码			
17	空调系统	8130004BAC000H??	8130004BAC020S.B	8130004BAC0200	无故障码			
18	组合仪表	8270003BAC0700H.0	8270003BAC0700S.0	8270003BAC0700	无故障码			
19	车身控制模块	8045006BAC010H.?	8045006BAC010S.0	8045006BAC0100	U012987	历史的	BCS1通信报文丢失	28
20	车身控制模块	8045006BAC010H.?	8045006BAC010S.0	8045006BAC0100	U121087	历史的	BCS2通信报文丢失	28
21	车身控制模块	8045006BAC010H.?	8045006BAC010S.0	8045006BAC0100	U121187	历史的	BCS5通信报文丢失	28
22	TBOX	8550003BAC0000H.	8550003BAC0000S.	8550003BAC0000	B280016	历史的	BAT电路电压低于下限	2C
23	TBOX	8550003BAC0000H.	8550003BAC0000S.	8550003BAC0000	B280116	历史的	IG1电路电压低于下限	2E

图3-90　系统故障码显示内容

② 高压电池电量偏低故障现象与原因分析及解决方案如图3-91所示。

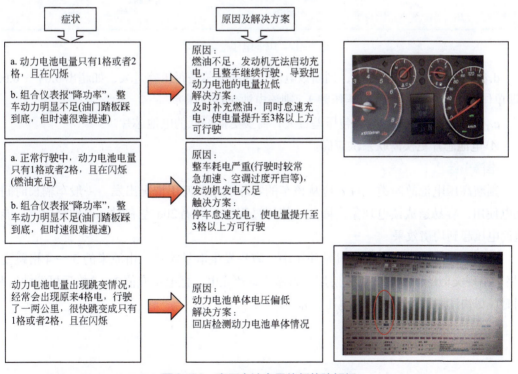

图3-91　高压电池电量偏低故障解析

③ 单体电池电压读取方法。

a. 拆开高压电池包（AG1车型拔开高压电池包左侧低压输出线接插件，连接专用USB线至电脑；AG2车型拔开高压电池包低压输出线，连接专用线至电脑）。

b. 打开钥匙 ON 挡。

c. 电脑打开"单体电压检测专用软件",软件界面打开后,点击左上角的连接通信。选择所需要检测的电池模组(界面右侧),见图 3-92。

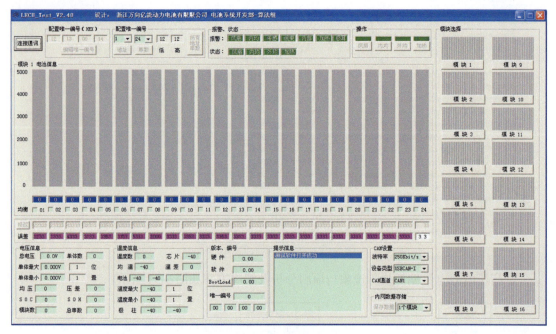

图 3-92　电池电压检测软件

d. 根据单体电压的压差值,判断该电池包内部电芯是否压差过大,如超出 0.04～0.05V(即单体最大与单体最小的电压压差),则该电池包存在压差。

e. 根据该数值判断为电池包压差过大,需要更换偏低的电池芯片。

④ 电池芯片更换需联系供应商。

维修小结

判断高压电池故障类,首先应从该车的实际现象及使用情况出发。一般车辆长时间不充电使用,容易造成馈电现象。因此,使用过程中,间隔 20d 左右对电池做充放电,能对电池电压起到均衡效果。

一般情况下,如果车辆在日常使用中,容易发生电量跳变,由原来的 3～4 格跳变到 1 格,出现类似的情况后,可先使用动力模式怠速充电,把电量充值 2～3 格后可继续行驶。同时应尽快读取电池包内部的电压压差。

第4章

Chapter 4

DC/DC 与充电系统维修

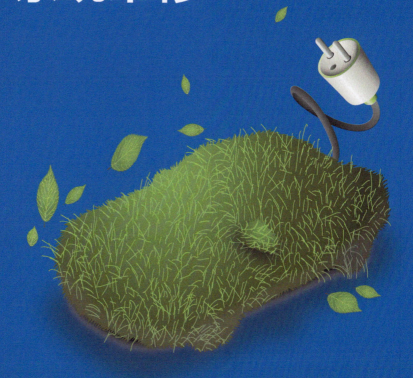

4.1 DC/DC及充电系统概述

4.1.1 DC/DC转换器

DC/DC转换器的作用是将80V电源降为12V,其功用有两个:一是电池电压在使用过程中不断下降,用电器得到的电压是一个变化值,而通过DC/DC转换器后,用电器可以得到稳定的电压;二是给辅助蓄电池补充电能。其在新能源汽车中的角色就相当传统汽车中的发电机,电路原理如图4-1所示。

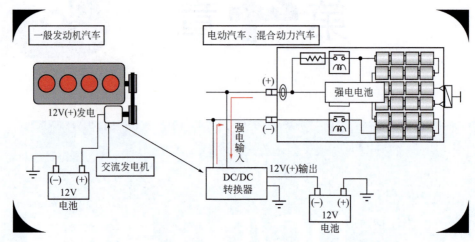

图4-1 电动汽车DC/DC转换器与传统汽车发电机功能对比

车辆静置时间超过60h,VCU控制DC/DC转换器给12V蓄电池充电15min。

以下任意一个条件满足,退出12V自动充电功能,且远程智能终端计时将清零:
- 钥匙置于"ON"挡或旋至"START"挡。
- 开始直流或交流充电。
- 开始远程空调或远程充电。

提示 当12V蓄电池正在自动充电时,上电开关开启或关闭,12V蓄电池自动充电将停止。

4.1.2 高压充电系统

电动车辆具有交流充电和直流充电两种功能。其中交流充电包括充电桩充电和家用电源充电两种方式,每种充电方式均可选择普通模式、长程模式、长寿模式和低温充电四种模式。

交流充电口安装在车辆标识(LOGO)处,如图4-2所示,直流充电口安装在车身左后侧(位置和外观类似燃油车的油箱口盖),也有的车型交流、直流充电口都布置在一起的,如图4-3所示的比亚迪e5。充电时,根据选择的充电类型,连接交流充电插头或者直流充电插头到相应的充电插座,连接正确后开始充电。充电口连接后形成检测回路,当出现连接故障时,VCU 可以检测该故障。

图4-2 交流充电连接方式(江淮 iEV7S)

图4-3 交流与直流充电口位置(比亚迪 e5)

充电口的端子连接定义,以比亚迪 e5 为例,如图 4-4 所示。

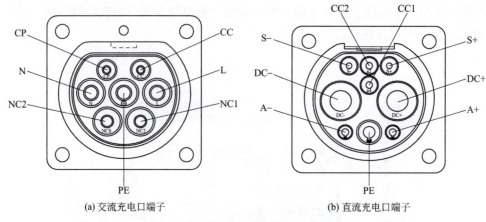

(a) 交流充电口端子　　　　　　　(b) 直流充电口端子

图 4-4　交直流充电端子定义（比亚迪 e5）

L—A 相；　　　　　　　　　　DC+、DC- —直流充电正、负极；
NC1—B 相；　　　　　　　　　A+、A- —低压辅助电流正、负极；
NC2—C 相；　　　　　　　　　CC1—车身接地（1kΩ±30Ω）；
N—中性线；　　　　　　　　　CC2—直流充电感应信号；
PE—地线；　　　　　　　　　　S+ —通信线，CAN（H）；
CC—充电连接确认；　　　　　　S- —通信线，CAN（L）；
CP—充电控制　　　　　　　　　PE—地线

　　交流充电控制（流程图如图 4-5 所示）：当 VCU 判断整车处于充电模式，吸合 M/C 继电器，根据高压电池的可充电功率及车载充电机的状态，向车载充电机发送充电电流指令。同时，车载充电机吸合交流充电继电器，VCU 吸合系统高压正极继电器和高压负极继电器，高压电池开始充电。

图 4-5　交流充电流程

　　直流充电控制（见图 4-6）：当直流充电设备接口连接到整车直流充电口，直流充电设备发送充电唤醒信号给 VCU，VCU 吸合 M/C 继电器，根据高压电池的可充电功率及车载充电机的状态，向直流充电设备发送充电电流指令。同时，VCU 吸合直流充电继电器、系统高压正极继电器和高压负极继电器，高压电池开始充电。

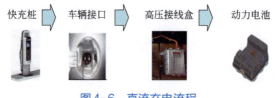

图 4-6　直流充电流程

以江淮新能源车型为例，交流充电与直流充电的连接电路如图 4-7 所示。

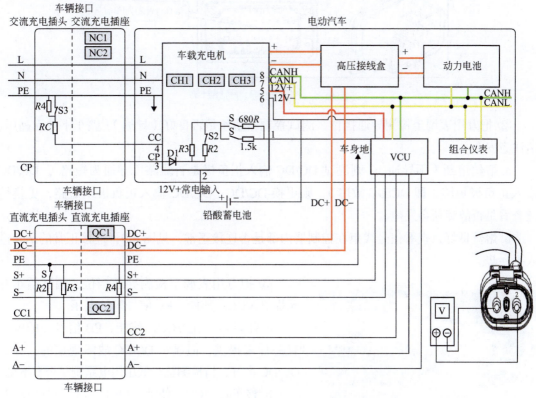

图 4-7　交直流充电连接电路图（江淮新能源车型）

4.2　DC/DC电路故障排除

4.2.1　DC/DC常规故障检测方法

① 把万用表调至检测 DC 直流挡位，测试整车铅酸电池电压。

在测试铅酸电池有 13.8VDC 但仪表盘上还有红色铅酸电池灯亮时，则拆控制器上盖（整车解除高压电，请注意安全），用万用表导通挡检测黄色 FB 信号线到控制器 23 针控制器第二排第 3 针脚是否导通，针脚位置见图 4-8，FB 信号线是否有退针现象。

a.FB 信号线有退针，如果是控制器端信号线退针，则更换控制器或把退针的脚位插回去；如果是 DC/DC 端信号线退针，则更换单体 DC/DC 或把退针的脚位插回去。

b.FB 信号线连接正常，但铅酸电池有 13.8V 且仪表盘上还有红色铅酸电池灯亮，此故障为 DC/DC 的 FB 信号故障，更换 DC/DC 即可。

在测试铅酸电池无 13.8VDC 时，则进行下一步。

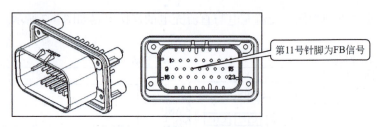

图4-8 控制器FB信号线针脚

② 把万用表调至检测导通挡位，测试控制器熔丝是否良好（导通）（整车下电无高压，请注意安全）。

a. 熔丝熔断（不导通），则测试DC/DC输入正负极是否短路（导通为短路）。DC/DC输入正负极短路（即DC/DC故障），则更换DC/DC；DC/DC输入正负极未短路，更换熔丝查看是否故障还会发生。

b. 熔丝良好，查看信号线束在控制器内部是否连接正常，见图4-9；连接正常的话，进入下一步。

图4-9 检查控制器信号线束

③ 把万用表调至检测导通挡位，测试整车有无提供VCC、使能、FB信号等的电压。

a. 如果整车在VCC、使能、FB信号等的电压有一样未提供，但显示DC/DC故障现象的，那么DC/DC良好，请检测整车低压用电系统是否有不良。

b. 整车在VCC、使能、FB信号等的电压均有提供的情况下，显示DC/DC故障现象，那么请更换DC/DC。

④ 更换DC/DC备件来检测是否DC/DC故障。

在以上测试均正常的情况下，还是未能解决故障，则更换DC/DC备件，查看故障现象是否还在。故障现象消失，则更换下的DC/DC有故障；故障现象还在，则属于车辆低压用电系统故障导致，更换下的DC/DC良好。

⑤ DC/DC偶发性故障。DC/DC在整车上一会有输出，一会无输出（即仪表盘红色铅酸电池灯一会亮一会不亮），除常规检测外，请按以下测试方法进行电路检查。

a. 检测整车和控制器23针接插件是否松动，接插件内部是否有退针或针歪。有松动或退针，则修复。

b. 检测DC/DC输出接插件是否连接固定，有无松动。有松动，则重新固定。

c. 检测整车铅酸电池正极是否连接固定，有无松动。有松动，则重新固定。

d. 检测控制器外和控制器内部高压输入是否连接正常，有无连接异常、螺丝松动等现象。有异常或螺丝松动，重整修复。

e. 在以上检测后，故障还存在。试摇晃检测DC/DC输出端螺栓，是否有松动的感觉。有松动，更换DC/DC单体。

f. 在以上检测都正常的情况下，把整车上READY，且开启车辆上所有的低压系统（即车灯、收音机、雨刮等），并开车尝试多次转弯。查看是否在以上情况下故障现象不消失

（一直存在），直到全部停下或关闭（整车低压用电系统）的情况下故障现象消失。那么此问题为DC/DC故障——DC/DC负载能力故障，可更换DC/DC单体。反之，DC/DC正常。

4.2.2　DC/DC供电故障

故障现象　江淮新能源车型仪表盘上在出现红色铅酸电池灯亮后[或铅酸电池的电压在13.8V±0.25VDC以下]，见图4-10，过段时间，在仪表盘的右下角（即显示高压电池电量的下方，且高压电池电量在10%以上）还会出现一个小乌龟的灯亮，且仪表盘中央会显示"限功率"几个字。

部件介绍

① DC/DC与电动机控制器集成在一起，DC/DC在电动机控制器下方，见图4-11。DC/DC输入正极用30A熔丝与控制器输入正极连接共用，输入负极连接在一起共地（在电动机控制器内部）。

图4-10　仪表盘铅酸电池故障灯亮

图4-11　DC/DC在整车的安装位置

② DC/DC信号线束连接在电动机控制器内部，与电动机控制器外部23针其中5根针连通，见图4-12。

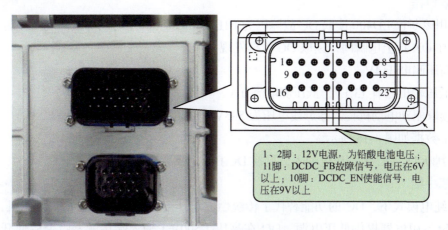

图4-12　DC/DC信号连接线束

③ DC/DC 输出正极与整车铅酸电池（即 12V 小电池）正极连接，见图 4-13，DC/DC 负极与整车接地连接。

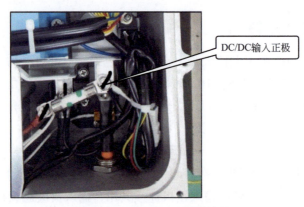

图 4-13　DC/DC 正极连接端

4.2.3　DC/DC 转换故障

故障现象　比亚迪秦 PHEV 车辆无 EV 模式，仪表提示低压电池电量低，请检查充电系统，如图 4-14 所示。

图 4-14　仪表检修提示

故障分析　可能存在故障的部件及电路有：① DC/DC 故障；② DC 低压输出断路。

检修过程

① 用诊断仪 ED400 读取 DC 故障码为 P1EC700DC（降压时硬件故障）。

② 在 OK 挡上电瞬间，读取 DC 数据发现：

a. 高压测电压 4V。

b. 低压输出只有 13.1V，低压测电流 0 A。

c. 读取驱动电动机控制器母线电压为 505V，即高压侧电压正常。

以上数据如图 4-15 所示。

③ 判断 DC/DC 无高压电输入，更换 DC/DC 总成后故障排除。

维修小结

① 纯电模式下，DC 的功能替代了传统燃油车挂接在发动机上的 12V 发电机，和蓄电池并联给各用电器提供低压电源。DC 在高压（500V）输入端接触器吸合后便开始工作，输出电压标称 13.8V 以上，并且一般输出电流在 10～50A，见图 4-16。

  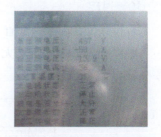

图4-15　DC/DC总成数据分析　　　　图4-16　DC/DC总成输出数据

② 发动机原地启动时，发电机送出13.5V直流电，经过DC升压转换500V直流给电池包充电，见图4-17。

图4-17　DC/DC总成充电流程

③ DC/DC总成检查分析。

a. 驱动电动机控制器和DC输入高压为同一路高压电：如果DC没有高压输入，驱动电动机控制器母线有高压，电压在400V以上，则DC/DC故障；如果驱动电动机控制器高压母线也没有高压电，则需要检查母线电压。

b. 当DC/DC有高压输入，且电压在400V以上，读取低压输出在13.8V以下，低压电流有电流输出在0A左右，则DC内部故障；如果DC低压输出在13.8V以上，低压电流有电流输出在0A左右，低压输出可能是虚电压，无需理会，更换DC即可。

c. 在发动机未启动的情况下DC输出电压，也可使用万用表测量配电盒或启动电池输出极柱电压，其工作电压为13.8V以上。

d. 确认DC是否通信正常，如果不能正常通信，则DC/DC存在故障，更换即可。

4.3　高压充电系统故障排除

4.3.1　众泰芝麻E20无法充电维修

故障现象　车辆无法充电，仪表无电流显示或充电指示灯不亮，见图4-18。

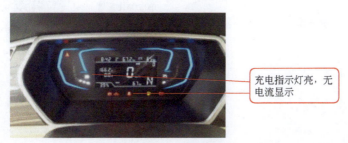

图4-18　仪表故障指示

检修过程

① 排除外在因素，检查 220V 电源、充电枪及车载充电机是否均正常。

② 经检查外在因素均无问题后，取出电脑及 CAN 卡，一端接到诊断接口，见图 4-19，另一端连接到电脑。

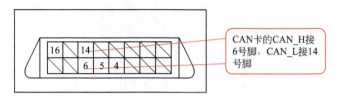

图 4-19　诊断口连接图示

③ 确认连接无误后，打开上位机程序，上面如显示通信成功，则可查看具体信息。如显示 ZLG 通信失败，则需重新检查连接之处是否正确或 CAN 卡是否正常。CAN 卡连接提示见图 4-20。

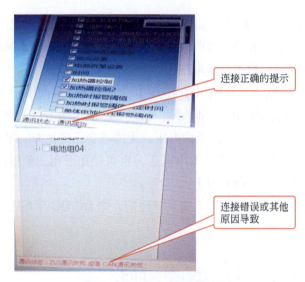

图 4-20　CAN 卡连接提示

④ 通信正常后，选择 BMU 配置，选中故障信息栏，然后单击下载，见图 4-21。

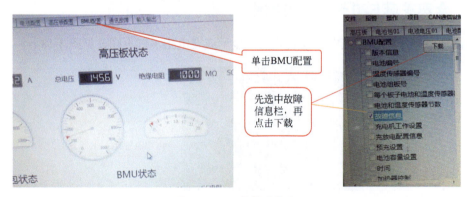

图 4-21　下载故障信息

⑤ 查看下载内容，如系统显示充电继电器不吸合，则拆卸高压盒总成，对充电继电器进行检查，确认问题后更换高压盒总成，更换后故障排除。

4.3.2 江铃E200/E200S充电检测方法

充电正常的必要条件：

① 国标交流充电座上的CC（充电连接确认线）及CP（充电控制线）分别与BMS（电池管理系统）上的CC及CP线连接上。

② 充电机上的CAN_H、CAN_L线分别与BMS主控模块的充电CAN_H、CAN_L线连接导通。

③ BMS主控模块输出12V电源给充电继电器。

④ 充电继电器吸合。

充电过程检测　把充电枪与车上充电座连接好后，仪表上充电机工作指示灯、连接指示灯亮起，充电继电器吸合，开始充电，仪表上显示充电电流 -12A。

正常充电的前提　充电连接指示灯、充电机工作指示灯必须常亮，见图4-22。

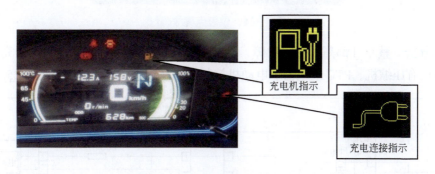

图4-22　正常充电的仪表指示

当把充电枪与充电座连接好后，仪表屏幕亮灯，充电连接符号显示，同时充电机工作指示灯亮起。当充电机工作指示灯亮起，充电连接符号灯不亮或一直闪烁，则应检查CC线是否连接好。如图4-23所示。

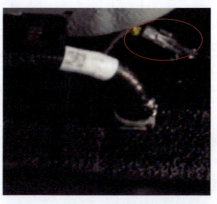

图4-23　检查CC线束是否正常连接

4.3.4 江淮新能源预充超时故障

故障现象 江淮新能源车辆无法启动，车辆系统故障灯点亮，见图4-24，上位机读取故障为高压回路安全故障A/B或预充超时故障。

图4-24 仪表点亮故障灯

故障分析 整车外部高压回路故障，导致车辆预充时，未达到目标值，预充失败。可能的故障点有压缩机、PTC继电器、电动机控制器。高压系统电路原理见图4-25。

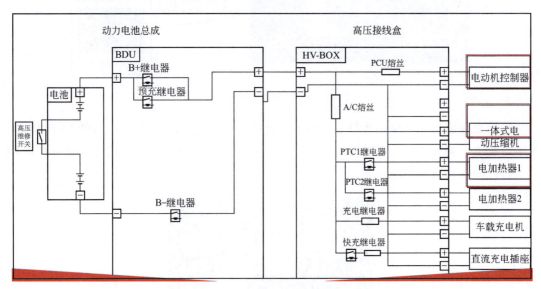

图4-25 高压系统电路原理

检修过程 首先确定预充电阻是否熔断，后按照排查流程确定故障点。预充电阻熔断排查流程：

① 断开高压接线盒配线接插件（见图4-26）。

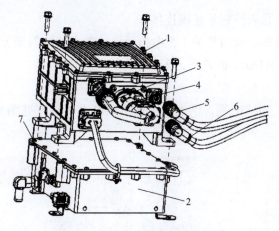

图 4-26　高压接线盒配线接插件

1—直流充电电缆；2—高压接线盒；3—高压配电缆；4—高压主电缆；5—PCU+；
6—PCU-；7—车载充电机

② 车辆连接电脑上位机，车辆钥匙 START 瞬间观察母线电压值是否有变化（若有和系统总压相符合的电压，则说明预充电阻正常；若母线电压值一直为 0，则说明预充电阻熔断）。驱动电动机信息如图 4-27 所示。

图 4-27　连接上位机读取驱动电动机信息

4.3.5　车辆交流充电失效

故障现象　江淮新能源车辆交流充电异常，充电指示灯不亮、黄灯常亮、黄灯闪烁。

故障分析　充电操作有误；充电线缆连接不良；低压控制线路故障；车载充电机故障；充电熔丝熔断。

检修过程

① 排除人为误操作。

a. 确认车辆充电线缆是否连接良好（充电指示灯不亮）。

b. 确认充电枪插头是否按标示正确连接。

c. 确认是否误开启充电预约开关（充电指示灯状态会黄灯闪烁）。

d. 确认车辆状态（START 模式下，车辆不允许充电）。

② 充电线缆检查。

a. 车辆插头连接车辆插座端，供电插头连接供电电源端，见图 4-28，错插会导致车辆无法充电。

(a) 车辆插头

(b) 供电插头

图 4-28　充电插头

b. 家用充电线缆测量 CC 信号与 PE 阻值，阻值约为 1.5kΩ，见图 4-29。

c. 充电桩充电线缆测量 CC 信号与 PE 阻值约为 680Ω，见图 4-30。

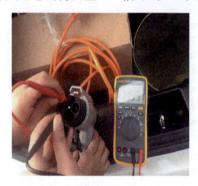

图 4-29　测量家用充电线 PE 阻值　　图 4-30　测量充电桩充电线 PE 阻值

③ 低压线路故障。

a. 车载充电器输出 12V 唤醒信号未到达低压配电盒（充电指示灯不亮），信号输入端见图 4-31。

ZB08	NC	CZ14	FT06a	VC83	ZB03b	ZB02	CH03a
0.5 LR		0.5 R	0.5 R	0.5 P	0.5 L	0.5 B	0.5 W
NC	NC	NC	NC	NC	NC	ZB10	NC
						0.5 R	

CH03a(慢充唤醒信号)

图 4-31　检查低压配电盒充电唤醒信号

b. 车载充电器输出 12V 唤醒信号未到达 VCU（充电指示灯黄灯常亮），信号输入端见图 4-32。

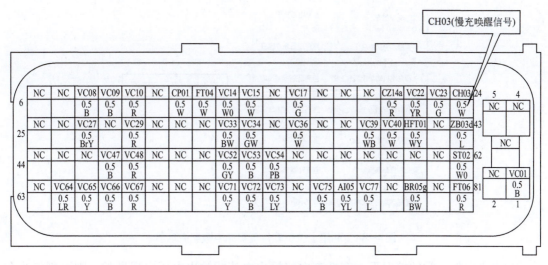

图 4-32　检查 VCU 充电唤醒信号

低压线路故障一般是接插件公端退针或者母端空位变大导致。

④ 充电保险熔断。利用万用表确定充电保险是否熔断（充电保险熔断后，充电时充电指示灯黄灯常亮）。充电熔丝位置如图 4-33 所示。

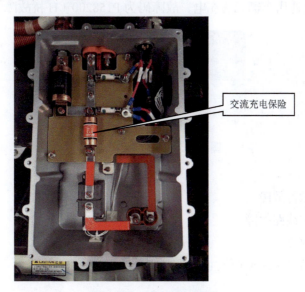

图 4-33　充电熔丝位置

⑤ 充电机故障。可利用上位机软件观察车辆充电状态信息，见图 4-34。

a. 确定交流充电唤醒信号为使能状态。

b. 交流充电电流指令为正常电流值。

c. 车载充电机状态为充电。

d. 交流充电允许标志位为允许。

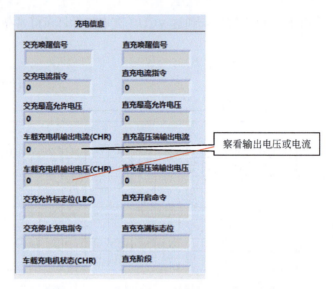

图 4-34　利用上位机软件查看充电数据流信息

上述状态都正常的情况下，车载充电机输出电流或输出电压出现异常，则可判定为车载充电机故障。

4.3.6　车辆无法充电故障

故障现象　比亚迪唐车辆无法充电，故障码为 P158200（H 桥故障），如图 4-35 所示。

图 4-35　读取故障码信息

故障分析

① 车载充电器软件故障。

② 车载充电相关线路故障。

③ 车载充电器故障。

④ 车载充电器熔丝（30A）烧蚀。

检修过程

① 使用 VDS1000 将车载充电器软件版本更新至 3.00.09，故障无法排除。

② 排查充电相关线路，未发现异常。

③ 对车载充电器进行调换后，测试车辆仍无法充电。

④ 重新用 VDS1000 读取故障码为：P157216（车载充电器直流侧电压低）。

⑤ 检查车载充电器熔丝（30A），发现熔丝内部烧蚀，更换车载充电器及熔丝（30A），故障排除。

4.4 充电桩与壁挂式充电盒维修

4.4.1 江淮简易充电桩故障

简易充电桩具有以下基本功能:

① 过流保护。简易交流充电桩提供一路受控输出的交流充电接口,输出电流大于20A时,在规定的时间内充电桩能够自动切断交流输出。

② 安全防护。充电接口处设计舱门,待机时舱门闭锁,只有打开舱门时才可以正常充电。

③ 输出控制。当车辆充电接头或充电桩接头断开时,简易交流充电桩插座能够即刻停止输出。

④ 漏电保护。当充电桩的漏电电流大于30mA时,充电桩能够即刻切断交流输出。

⑤ 锁紧装置。简易交流充电桩插座与充电枪接口装有锁止机构,拔出充电枪时需要人工解锁后才能拔出充电枪,防止充电时误拔充电枪。

⑥ 标识警示。简易交流充电桩应在醒目的地方明确提供以下信息:导向标志、充电位置引导标志、安全警告标示与 JAC LOGO。

⑦ 反接提醒。充电桩火线与零线接反时,在充电桩内部控制电路板上的反接指示灯亮,用于提醒用户接线错误。

⑧ 带载切换。在充电状态拔除插头,带负载可分合电路即时动作,切断对插座的供电。

⑨ 充电指示。充电桩工作在充电状态时,面板上的红色充电工作指示灯点亮,用于指示充电桩工作。

⑩ 信号检测。充电桩带有国标要求的 CC、CP 信号检测及 CP PWM 信号输出。

充电桩电路原理如图 4-36 所示。

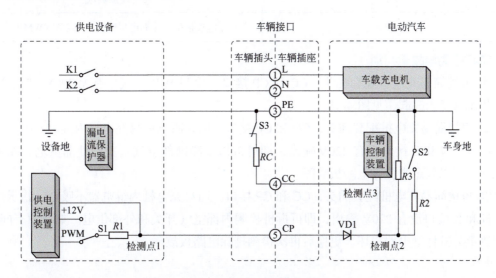

图 4-36 充电桩电路原理

简易充电桩配套插头端子如图 4-37 所示，端子功能定义见表 4-1。

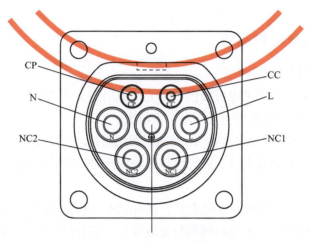

图 4-37　充电桩充电连接端口

表 4-1　充电插头端子功能定义

端子	说明
L	交流电源 L（火线）
NC1	备用
NC2	备用
N	交流电源 N（中线）
充电桩接地	保护接地
CC	充电连接确认
CP	充电连接确认（充电桩输出 12V 或 6V PWM）

电路检测与故障判别

① 短接简易充电桩配套插头，CC 和 CP 接口。检测 N 和 L 接口有无 220V 电压输出。桩体指示灯是否亮起，见图 4-38。

② 短接简易充电桩配套插头，CC 和 CP 接口。明显听到简易充电桩内继电器吸合，指示灯亮起。N 和 L 接口没有 220V 输出，即可拆桩检测内部空气开关和外部供电。如都没有问题，可以判定为桩体电路板故障。

③ 短接简易充电桩配套插头，CC 和 CP 接口。简易充电桩内继电器不吸合，指示灯不亮。N 和 L 接口没有 220V 输出，即可拆桩检测内部空气开关和外部供电。如都没有问题，可以判定为桩体继电器损坏。更换后再次检测排除电路板故障。

(a) 短接CC和CP接口　　　　　(b) 检测N与L接口有没有220V输出

图4-38　充电桩部件检测

④ 针对江淮第4代和第5代纯电动汽车，短接简易充电桩配套插头，CC和CP接口。明显听到简易充电桩内继电器吸合，指示灯亮起。N和L接口有220V输出。但是江淮4代和5代纯电动汽车仍然无法正常充电；可判定为电路板故障。

对于江淮第4代和第5代纯电动汽车简易充电桩电路板故障处理方式可分为两种：

① 更换全新电路板。简易充电桩可用于正常充电。

② 简单处理电路板中破损元器件。简易充电桩只可用于江淮4代和5代纯电动汽车正常充电，其他车辆无法正常充电。

简易充电桩电路板简易处理方式如下：拆除充电桩后保护盖，拆除电路板。用钳子移除Q1元器件。Q1元器件在电路板的右上方，由三个焊点焊接而成。整体为长条状。详细见图4-39红圈标注处。

图4-39　电路板上Q1元件位置

特别说明　移除后，此电路板只可用于江淮4代和5代纯电动汽车正常充电，其他车辆无法正常充电。

4.4.2 比亚迪壁挂式充电盒故障

比亚迪新能源汽车用 3.3kW 壁挂式充电盒外观及内部结构如图 4-40 所示。

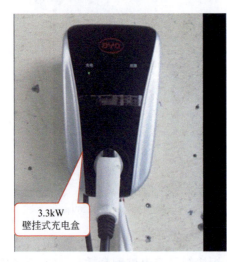
(a) 充电盒外观

(b) 内部结构

图 4-40　比亚迪壁挂式充电盒外观及结构

充电枪常见故障

① 充电枪线束断路、固定端子虚接。

a. 充电枪口火线（L）与接触器 L 导通正常，连接牢固，见图 4-41（a）。

b. 充电枪口零线（N）与接触器 N 导通正常，连接牢固，见图 4-41（b）。

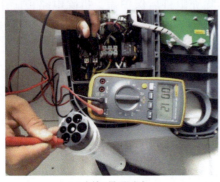
(a) 火线L导通测试

(b) 零线N导通测试

图 4-41　充电枪口 L/N 接线测试

c. 充电枪口接地 PE 与接地端子排 PE 导通正常，连接牢固，见图 4-42（a）。

d. 充电枪口与信号线 CP 与接地端子排 CP 导通正常，连接牢固，见图 4-42（b）。

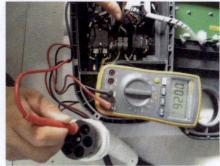

(a) 接地PE导通测试　　　　　　　　　　　(b) 信号线CP导通测试

图 4-42　充电枪口 PE、CP 接线测试

e. N/L/CP/PE 充电盒与充电枪口对应位置如图 4-43 所示。

图 4-43　充电盒与充电枪口连接端子

② 充电枪开关电阻异常。充电枪开关阻值（CC 与 PE）按下按钮为无穷大；未按下按钮阻值为 680Ω 左右，如图 4-44 所示。

(a) 按下按钮时阻值　　　　　　　　　　　(b) 未按下按钮时阻值

图 4-44　充电枪开关阻值测试

③ 充电枪开关不回位。可以按动充电枪开关，检查开关回位是否正常；充电枪枪口端子松动，检查充电枪 N/L/CP/PE/CC 端子是否松动，见图4-45，出现以上异常更换充电枪处理。

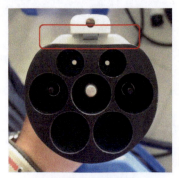 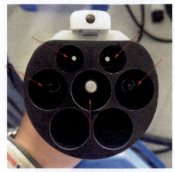

(a) 充电枪开关回位检测　　　　　(b) 充电枪口端子检测

图4-45　充电枪开关与端子检测

第5章

Chapter 5

电动机驱动系统维修

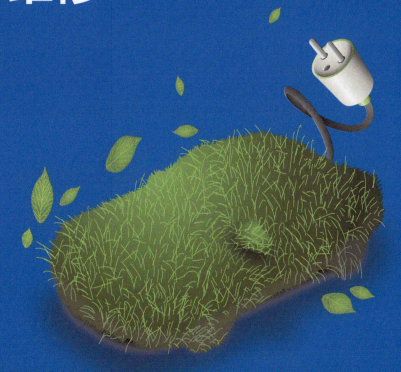

5.1 电动机驱动系统概述

5.1.1 驱动电动机

驱动电动机是一个紧凑、重量轻、高功率输出、高效率的永磁同步电动机（PMSM），永磁铁被镶入转子中，旋转磁场和定子线圈共同作用产生转矩；电动机旋变被同轴安装在电动机上，用来检测转子旋转的角度，此旋转角度被发送到电动机控制模块；电动机温度传感器检测电动机定子内部的温度，此温度信息被发送给电动机控制模块。驱动电动机组成部件见图5-1。

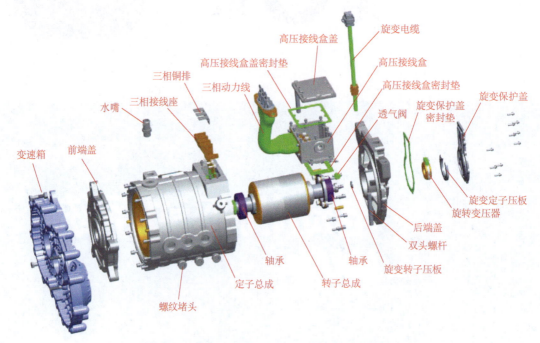

图5-1 驱动电动机组成部件（江淮新能源车型）

永磁同步电动机及其驱动系统与外部的电气接口共包括高压电部分、低压部分和通信口接口三部分。高压部分与整车连接的高压直流部分为：

- P——电动机控制器直流正端。
- N——电动机控制器直流负端。

电动机驱动器与永磁同步电动机连接的三相交流电部分为：

- A（U）——电动机A相（U）。
- B（V）——电动机B相（V）。
- C（W）——电动机C相（W）。

电动机控制器前侧配置2个低压接插件，23针接插件和14针接插件。23针接插件主要完成PCU、DC/DC与整车之间的通信及控制。14针接插件中有6针主要完成PCU与电动机之间的通信，PCU 可以根据此接线端与电动机的旋变连接，实现电动机位置及转速的测量和计算，从而实现对电动机的精确控制；2 针用于检测电动机实时温度，防止电动机在过温下工作，造成电动机毁坏；4 针与 PCU 主控芯片连接，用于软件的改写、烧录，操作方便。

5.1.2 驱动电动机控制器

电动机控制器是一个将电池的直流电转换为交流电，并驱动电动机的设备，英文缩写为 PCU（Power Control Unit）。在交流转换成直流的过程中，交流频率和电压可以改变，控制参数可以有很高的自由度。如图 5-2 所示为江淮新能源车型的电动机控制器结构。

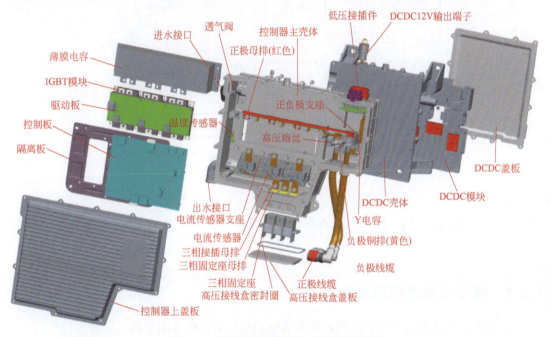

图 5-2　电动机控制器结构（江淮新能源）

PCU 将动力电池的直流电转换成电动机可用的交流电，电动机完成转矩输出。

VCU 基于加速踏板位置信号、挡位信号和车速信号计算车辆的目标转矩，并通过 CAN 通信发送转矩需求指令给 PCU。其控制流程如图 5-3 所示。

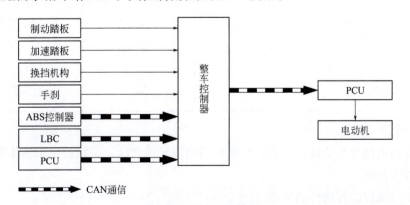

图 5-3　电动机控制流程

在电动机转矩请求信号由 VCU 通过整车 CAN 发送过来的基础上，电动机控制器控制电动机。电动机控制器将电池的直流电转换为交流电，并同时采集电动机位置信号和三相电流检测信号，精确地驱动电动机，见图 5-4。

在减速阶段，电动机作为发电机应用。它可以完成由车轮旋转的动能到电能的转换，给电池充电。

如果有故障发生，系统将进入到安全失效模式（Fail-Safe）。

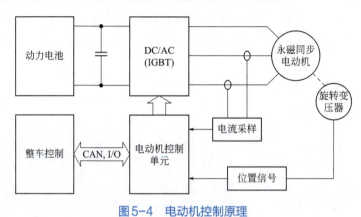

图 5-4　电动机控制原理

5.2　驱动电动机拆卸与安装

5.2.1　驱动电动机拆卸步骤

以宝马 i3 车型为例。完整地拆卸和安装驱动单元需要的专用工具，见表 5-1：

表 5-1　拆卸和安装驱动单元需要的专用工具

名称	升降台 2184136	用于升降台的固定组件 2305379	适配接头 2357222	定位件（由凸耳1、支架2与定位座3组成）2357221
图示				

准备工作

① 断开蓄电池导线负极。注意：在断开蓄电池导线之前，必须确保车辆休眠。

② 排放冷却液。

③ 拆下后部保险杠饰件的架梁。

④ 拆卸竖直支柱。

⑤ 对于直流电快充（SA4U7）和交流电快充（SA4U6 或 SA4U8）装备：拆卸便捷充电系统。

⑥ 拆卸两个水平支柱。

⑦ 拆卸后部横梁。

⑧ 拆下左右输出轴。

拆卸步骤

① 拆下行李厢底板饰板（a），松开螺栓（b）并向上取出维修盖板（c），见图 5-5。

若为生产时间在 2014 年 12 月之后的车辆：如图 5-6 所示，松开螺栓（a）并取下卸压件。松开卸压件支架的螺栓（b）。

图 5-5　取出维修盖板

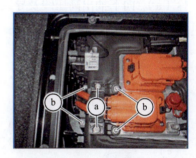

图 5-6　取出卸压件及支架

② 如图 5-7 所示，将电位补偿电缆（a）的螺丝由驱动模块上拆下。脱开 EME 上高压蓄电池单元的高压线（b）。

注意解锁和松开不同电动汽车插头连接的提示。松开 EME 上蓄电池负极导线的螺母（c）。取下盖板并松开 EME 上蓄电池正极导线的螺母（d）。

③ 松脱蓄电池负极导线和蓄电池正极导线。将充电插座或便捷充电系统的高压线（e）由 EME 上脱开。电控辅助加热器的高压线（f）由 EME 上脱开。

④ 如图 5-8 所示，松开变速箱安装支架（b）上等电势导线的螺栓（a）。

⑤ 如图 5-9 所示，松开电位补偿导线（b）的螺栓（a）。

⑥ 脱开信号线的插头连接（c）。

⑦ 脱开高压线的插头连接（d）。

⑧ 松开空调压缩机（f）的螺栓（e）。

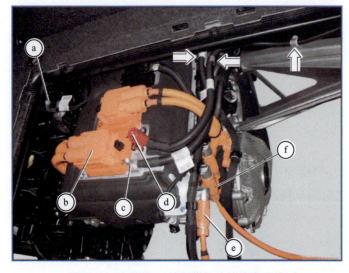
图5-7 松开EME控制模块连接的高压线

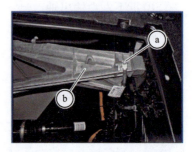
图5-8 拆下变速箱上的等电势导线

⑨ 用导线扎带或后备厢张紧带将空调压缩机（f）固定在驱动模块（g）上。

⑩ 若为生产时间在2014年12月之前的车辆：如图5-10所示，松开导线槽（b）的螺栓（a）。向下抽出高压线及导线槽（b）并在外部侧面固定。

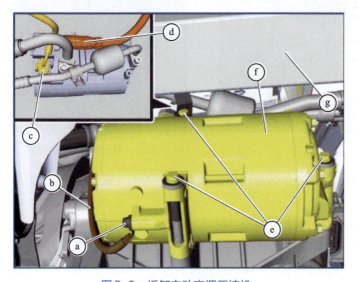
图5-9 拆卸电动空调压缩机

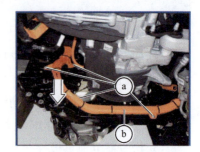
图5-10 拆卸导线槽

若为生产时间在2014年12月之后的车辆：如图5-11所示，向外按压锁止凸耳并拔下导线架（a），松开螺栓（b）。

⑪ 若为生产时间在2014年12月之后的车辆：如图5-12所示，将电缆盒（a）的锁止凸耳沿驱动模块（b）的箭头方向取下。向下抽出高压线及电缆盒（a）并在外部侧面固定。

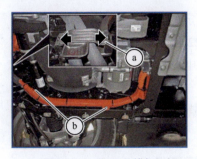
图5-11 取下导线架

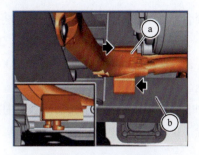
图5-12 取下电缆盒

若为生产时间在2014年12月之后的车辆：如图5-13所示，松开螺栓（a）并取下导轨槽（b）。

⑫脱开电线束的插头连接（a），见图5-14。

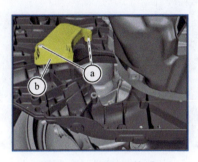
图5-13 取下导轨槽

图5-14 脱开线束接插件

⑬将EME的冷却液管（a）脱开。将电动机的冷却液管（b）脱开。仅针对交流电快充装备（SA4U6或SA4U8）：抽出便捷充电系统的冷却液管（c）。松脱用于便捷充电系统的冷却液管（d），见图5-15。

⑭如图5-16所示，打开固定夹（a）并露出冷却液管（b）。

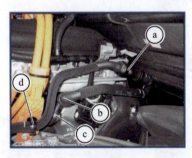
图5-15 松脱高压系统冷却液管

图5-16 打开冷却液管固定夹

⑮电动机升降台的固定点如下，见图5-17。

位置a：2×专用工具2 357 222配备定位件20。

位置b：1×定位盘80及定位件20。

位置c：1×专用工具2 357 221。

升降台从后部行进到车辆下方,并将固定点定位到驱动单元下方。升降台升起并将专用工具 2 357 222 定位到电动机(a)的固定点上。将定位盘(b)定位到电动机的固定点上,见图 5-18。

⑯ 如图 5-19 所示,松开电动机铰链柱(c)的螺栓(a)。松开螺栓(b)并拆下电动机铰链柱(c)。

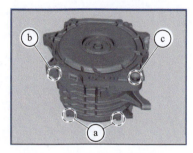

图 5-17 驱动电动机固定位置

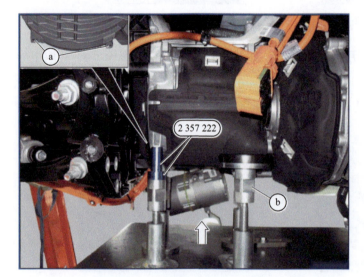

图 5-18 用拆装平台固定电动机

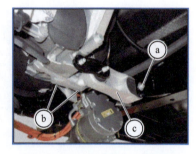

图 5-19 拆下电动机铰链柱

⑰ 如图 5-20 所示,将专用工具 2 357 221 定位到电动机上,并借助螺母(a)固定。提示:垫圈(b)必须位于电动机的圆锥体(c)上。

⑱ 如图 5-21 所示,松开左侧和右侧螺栓(a)并移除缓冲挡块(b)。松开支承轴承的左侧和右侧螺栓(c)。通过驱动单元小心降低升降台。

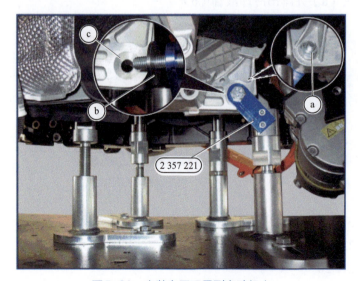

图 5-20 安装专用工具到电动机上

图 5-21 移除缓冲挡块

5.2.2　驱动电动机安装步骤

① 见图 5-21，检查左右支座（d）是否存在损坏。更换损坏的支座。安装新变速箱安装支架或发动机支撑时，安装螺栓连接前必须校准钻孔是否已对齐。安装螺栓连接前，使用合适的工具（如杆直径 11 mm 的钻头）使支座（d）与发动机支撑/变速箱安装支架对齐。

通过驱动单元小心升高并定位升降台。上紧支座（d）左侧和右侧的螺栓（c）。

安装说明

左侧：支座安装到电动机的发动机支撑上，更换螺栓 M10。拧紧力矩 56N·m。

右侧：支座安装到变速箱安装支架上，更换螺栓 M12。拧紧力矩 96N·m 加 45°。螺栓 M14 力矩 165N·m。

用缓冲挡块（b）拧紧左侧和右侧螺栓 M6（a）。拧紧力矩 12N·m。

② 见图 5-20，松开电动机（c）的螺母（a）。将专用工具 2 357 221 借助螺丝和垫圈（b）取下。

③ 见图 5-19，拉紧电动机铰链柱（c）上的螺栓 M12（b）。拧紧力矩 100N·m。拉紧电动机铰链柱（c）上的螺栓 M12（a）。拧紧力矩 100N·m。

④ 降低升降台。见图 5-16，将冷却液管（b）定位到固定夹（a）中。锁定固定夹（a）。

⑤ 见图 5-15，连接并锁定 EME 的冷却液管（a）。连接并锁定电动机的冷却液管（b）。仅针对交流电快充装备（SA4U6 或 SA4U8）：穿入便捷充电系统的冷却液管（c）。卡入用于便捷充电系统的冷却液管（d）。

⑥ 见图 5-14，连接并联锁电线束的插头（a）。

⑦ 若为生产时间在 2014 年 12 月之后的车辆：定位导轨槽（b）并拧紧螺栓 M6（a）。拧紧力矩 12N·m。位置见图 5-13。

⑧ 若为生产时间在 2014 年 12 月之后的车辆：将电缆盒（a）的锁止凸耳沿驱动模块（b）的箭头方向嵌入。位置见图 5-12。

⑨ 若为生产时间在 2014 年 12 月之后的车辆：向上穿入高压线。定位高压线并嵌入导线架（a）。拧紧螺栓 M6（b）。拧紧力矩 12N·m。位置见图 5-11。

⑩ 若为生产时间在 2014 年 12 月之前的车辆：向上穿入高压线及导线槽（b）。拉紧导线槽（b）上的螺栓 M6（a）。拧紧力矩 12N·m。位置见图 5-10。

⑪ 见图 5-9，松开空调压缩机（f）在驱动模块（g）上的固定装置。拧紧空调压缩机（f）上的螺栓 M6（e）。拧紧力矩 7.6N·m。

注意解锁和松开不同电动汽车插头连接的提示。

⑫ 连接并联锁高压线的插头（d）。连接并联锁信号线的插头（c）。用螺钉 M6（a）拧紧电位补偿导线（b）。拧紧力矩 19N·m。

⑬ 拧紧变速箱安装支架（b）上等电势导线的螺栓 M6（a）。拧紧力矩 12N·m，位置见图 5-8。

⑭ 见图 5-7，将高压线（f）的插头连接并锁定到 EME 的电控辅助加热器上。将高压线

（e）的插头连接到充电插座或 EME 便捷充电系统上。卡入蓄电池负极导线和蓄电池正极导线。将蓄电池正极导线的螺母 M8（d）拧紧到 EME 上并插上盖板。拧紧力矩 15N·m。用螺母 M8（c）在 EME 上拧紧蓄电池负极导线。拧紧力矩 15N·m。将高压线（b）插头连接并锁定到 EME 的高压蓄电池单元上。将电位补偿导线用螺栓 M6（a）拧紧在驱动模块上。拧紧力矩 12N·m。

⑮ 若为生产时间在 2014 年 12 月之后的车辆：拧紧卸压件支架的螺栓 M6（b）。拧紧力矩 8N·m。定位卸压件，拧紧螺栓 M6（a）。拧紧力矩 8N·m。部件位置见图 5-6。

⑯ 检查螺栓连接的橡胶螺母（b）和密封件（d）是否损坏，必要时更新。定位维修改变并拉紧螺栓（b）。拧紧力矩 1N·m。放入行李厢底板饰件（a）。部件位置见图 5-5。

⑰ 后续工作

a. 安装左侧和右侧的输出轴。

b. 安装后部横梁。

c. 安装两个水平支柱。

d. 对于直流电快充（SA4U7）和交流电快充（SA4U6 或 SA4U8）装备，安装便捷充电系统。

e. 安装竖直支柱。

f. 安装后部保险杠饰件的架梁。

g. 连接负极蓄电池导线。

h. 添加冷却液并排气。

5.3 电动机控制器拆卸与安装

本节以比亚迪 e6 车型为例，讲解电动机控制器（即文中所称 VTOG——双向逆变充放电式电动机控制器）的拆卸与安装。

5.3.1 拆装工具与注意事项

(1) 拆装所需工具

诊断仪、十字螺丝刀、大棘轮、加长杆、10mm 套筒、小棘轮、8mm 套筒、冷却液盆。

(2) 安装注意事项

① 安装三相线之前，需先查看三相线线束端插头内是否有冷却液，如果有，需要先将冷却液擦拭干净，再安装。

② VTOG 安装完成，并确认各线束均安装完备后，将维修开关插好。

③ VTOG 在拆装过程中会损失掉部分冷却液，安装完成后，需将冷却液添加到应有的水平。

④ VTOG 安装完成后，由于仪表需要与 VTOG 匹配，所以需要断开蓄电池，然后再接

上，重新上 OK 挡电，观察 OK 灯是否可以点亮，整车是否可以正常运行。

⑤需要对整车进行充电尝试，观察车辆是否可以正常充电，仪表是否有正常显示。

⑥VTOG 安装完成后，需清除 has-hev 和 ESC 的故障码，然后退电，6min 后再上电确认整车状态。

5.3.2 电动机控制器拆卸步骤

（1）需通过诊断仪清除原车原 VTOG 上的电动机防盗

①连接上诊断仪。

②选择 e6 车型，进入。

③进入 e6 车型后，选择防盗匹配进入，见图 5-22。

④然后选择 ECU 密码清除，根据诊断仪的提示进行相应的操作。

⑤清除密码后，需等待 10s 后再断电，保证电动机防盗密码清除成功。

图 5-22 清除电动机防盗

（2）断开维修开关（见图 5-23）

①打开车辆内室储物盒，并取出内部物品。

②取出储物盒底部隔板。

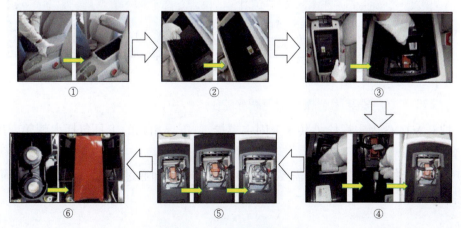

图 5-23 断开维修开关步骤

③ 使用十字螺丝刀将安装盖板螺钉（4个）拧下，并掀开盖板。
④ 取出维修开关上盖板。
⑤ 拉动维修开关手柄呈竖直状态，向上提拉，取出维修开关。
⑥ 使用电工绝缘胶布封住维修开关接插件母端。

（3）拔下VTOG后面的5个高压接插件（见图5-24）

① 将二次锁死机构（绿色塑料卡扣）向外推，取下。
② 摁住接插件上的卡扣，将接插件用力向外拔出。注意：接插件不能硬拔，空间较小，注意防护手部。

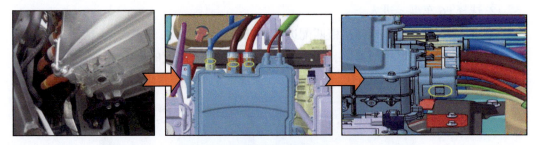

图5-24　拔取高压接插件流程

（4）拔下VTOG侧面的低压接插件（见图5-25）

① 前舱盖板固定好。
② 拔出低压接插件（先解除二次锁死机构）。注意：拔低压接插件时需要先松开锁紧保险，注意力度不要损坏锁紧装置。

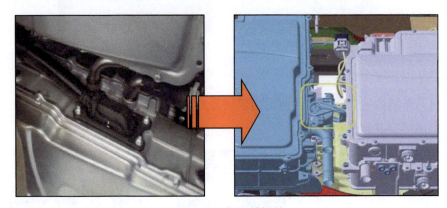

图5-25　取下低压接插件

（5）拆卸VTOG安装固定螺栓（见图5-26）

① 拧开VTOG固定螺栓（共5个固定螺栓）。需要用到的工具包括大棘轮、加长杆、10mm套筒。
② 后面两个螺栓比较难拆，需要将手伸到VTOG后面通过大棘轮和10mm套筒配合使用，无需加长杆。

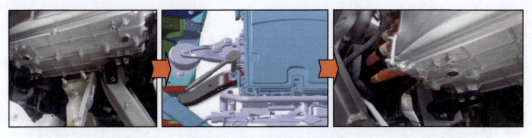

图5-26 取下控制器固定螺栓

（6）拆卸搭铁线螺栓

搭铁在VTOG的右侧，需要使用棘轮+10mm套筒。注意：力矩不用太大，防止拧坏搭铁线，见图5-27。

图5-27 拆卸搭铁线螺栓

（7）拆卸固定水管螺栓

水管的两个固定螺栓在VTOG前侧，见图5-28，都需要使用小棘轮+8mm套筒拆下。注意：力矩不用太大，防止拧断螺栓。

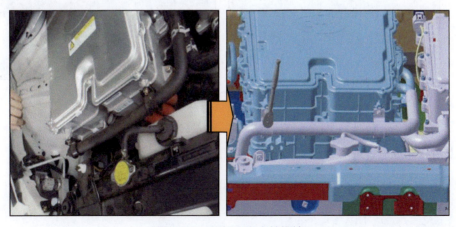

图5-28 拆卸固定水管螺栓

(8）拆卸水管软管

① VTOG 有两个水管软管，上为进水管，下为出水管，需用卡箍钳将卡箍钳下。

② 将水管拔出。先拆上面的卡箍，拔出水管，后拆下面的卡箍，拔出水管，见图 5-29。注意：需要用冷却液盆接住冷却液，防止飞溅流失，防止高压件进水。

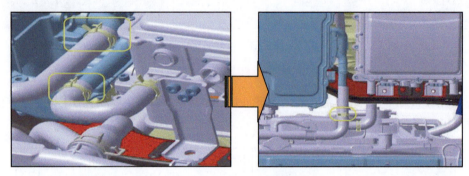

图 5-29　拆卸水管软管

（9）拆卸三相线固定螺栓

① 搭 VTOG 三相线需最后拆卸，用大棘轮＋加长杆＋10mm 套筒，将三相线的固定螺栓拆下，见图 5-30。

② 用力向下将三相线接插件拔下。注意：拔下三相线时需注意，防止冷却液进入三相线的接插件。

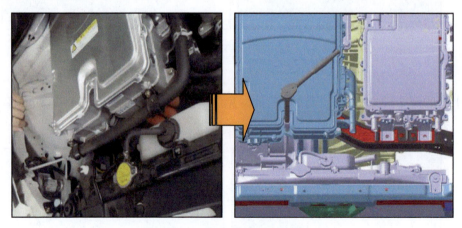

图 5-30　拆卸三相线固定螺栓

（10）取出 VTOG

以上步骤完成后，即可将 VTOG 搬出前舱。

5.3.3　电动机控制器安装步骤

（1）安装 VTOG（见图 5-31）

① 安装 VTOG 固定螺栓。

② 安装 VTOG 后侧的 5 个高压接插件。

③ 安装三相线，将三相线对准 VTOG 的三相线对接口，向上将三相线顶入接插件，随后用螺栓将三相线打紧。

④ 安装低压接插件，将低压接插件线束端与板端对接好，然后把卡扣掰回原来卡死的位置，听到"咔哒"声后，将接插件轻轻向外拉一下，检查是否接好。

⑤ 安装 VTOG 搭铁。

⑥ 安装 VTOG 固定水管。

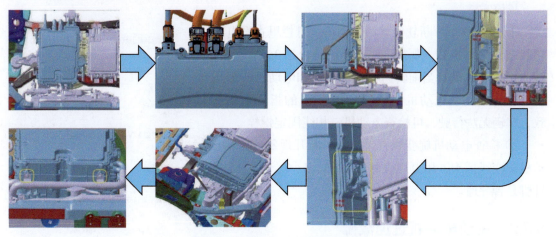

图 5-31　电动机控制器安装流程

（2）VTOG 安装匹配（见图 5-32）

① 连接诊断仪。

② 进入 e6 车型。

③ 找到防盗匹配选项进入。

④ 进入 ECU 防盗匹配。

⑤ 按照匹配步骤将钥匙放在点火开关处。

⑥ 匹配完成后，待 10s 之后再退电，保证匹配完成。

图 5-32　防盗匹配

5.4 驱动电动机检测与维修

5.4.1 驱动电动机工作失效

故障现象 江淮新能源电动车辆抖动、无法行驶。

检修方法

① 进入整车诊断软件驱动电动机信息栏里查看电动机状态，见图 5-33。观察母线电压值是否是 350V 左右，转向指令和电动机当前转向、目标转矩和电动机转矩是否相同，如驱动电动机信息与 VCU 发出的指令全部一致，车辆无法行驶，可检查电动机三相线固定螺栓。

② 检查电动机旋变线有无退针、断开现象；拔下电动机旋变线插头，用万用表测量 1、3、5、7、13、14 等针脚是否导通。

5.4.2 驱动电动机过速故障

故障现象

① 组合仪表报"系统故障、联系维修""EHPS 失效"见图 5-34。

② 车辆掉高压电无法 READY（此时控制器已关闭 IPU，无法再上高压电）。

③ 断 12V 负极或者清除故障码后，车辆可以 READY，但一挂挡后，车辆无法行驶，明显听到前驱动电动机空转的声音。

④ 检查差速器、减速器连接轴与驱动电动机结合位置有油迹渗出。

图 5-33 驱动电动机信息数据

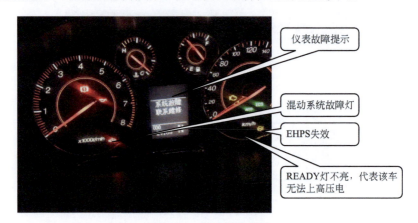

图 5-34 仪表故障提示

故障分析 用诊断仪查询系统存在以下故障码（见图 5-35）：

序号	控制器	硬件号	软件号	零件号	故障码	故障类型	定义	状态
1	制动控制系统	8030009BAC020H.0	8030009BAC020S.0	8030009BAC0200	无故障码			
2	助力转向系统	3410006BAC010H.7	3410006BAC010S.7	3410006BAC0100	无故障码			
3	发动机管理系统	1120003BAC1100H.0	1120003BAC1100S.0	1120003BAC1100	P057129	历史的	刹车信号不同步	60
4	辅助安全系统	8040003BAC000H???	8040003BAC000S???	8040003BAC0000	无故障码			
5	电池管理系统				通讯异常			
6	前驱电机	152000TBAC0000H.0	152000TBAC0000S.4	152000TBAC0000	P180619	历史的	功率模组过电流	A8
7	前驱电机	152000TBAC0000H.0	152000TBAC0000S.4	152000TBAC0000	P18A070	当前的	电机过速-关闭IPU	AF
8	前驱电机	152000TBAC0000H.0	152000TBAC0000S.4	152000TBAC0000	P183470	当前的	电机过速-2级报警	2F
9	前驱电机	152000TBAC0000H.0	152000TBAC0000S.4	152000TBAC0000	P180317	历史的	发电时高压电压高于udc_max时降功率	68
10	前驱电机	152000TBAC0000H.0	152000TBAC0000S.4	152000TBAC0000	P181216	历史的	发电机高压直流电压低出阈值-降功率	28
11	混动控制系统	1110003BAC0300H.E	1110003BAC0300S.E	1110003BAC0300	P16FF00	历史的	BMS电池包2风扇故障	08
12	混动控制系统	1110003BAC0300H.E	1110003BAC0300S.E	1110003BAC0300	P166F00	历史的	BMS风扇故障	08
13	混动控制系统	1110003BAC0300H.E	1110003BAC0300S.E	1110003BAC0300	P06A111	历史的	电动空调转速控制线短路到地	08
14	混动控制系统	1110003BAC0300H.E	1110003BAC0300S.E	1110003BAC0300	P109296	历史的	发动机故障级别1	08
15	混动控制系统	1110003BAC0300H.E	1110003BAC0300S.E	1110003BAC0300	P068D00	历史的	选挡信号不匹配	08
16	混动控制系统	1110003BAC0300H.E	1110003BAC0300S.E	1110003BAC0300	U10C287	历史的	丢失与充电机的通信超过1秒	08
17	混动控制系统	1110003BAC0300H.E	1110003BAC0300S.E	1110003BAC0300	P189496	当前的	驱动电机故障级别3	8B
18	混动控制系统	1110003BAC0300H.E	1110003BAC0300S.E	1110003BAC0300	P166496	当前的	高压电池初始化错误	0B
19	混动控制系统	1110003BAC0300H.E	1110003BAC0300S.E	1110003BAC0300	U10C181	当前的	HVIL线断开	0B
20	混动控制系统	1110003BAC0300H.E	1110003BAC0300S.E	1110003BAC0300	P0CC713	历史的	水泵控制继电器开路	08
21	混动控制系统	1110003BAC0300H.E	1110003BAC0300S.E	1110003BAC0300	P189396	当前的	驱动电机故障级别2	8B
22	集成启动发电机	152000TBAC0000H.0	152000TBAC0000S.4	152000TBAC0000	P171216	历史的	发电机高压直流电压低出阈值-降功率	28
23	娱乐系统				通讯异常			
24	空调系统	8130004BAC000H??	8130004BAC020S.B	8130004BAC0200	无故障码			

图5-35 整车故障报告

结合上述故障码,能看到很多的当前故障。如当前的电动机过速—2级报警,驱动电动机故障级别3,HVIL线断开等。当看到有HVIL线断开(即高压互锁线断开)的故障码,很容易联想到高压互锁问题。但是高压互锁问题会不会报出驱动电动机3级故障呢,还是因为驱动电动机3级的故障引发了高压互锁问题呢?这时候首先往驱动电动机的方向去排查问题。上述故障还有过速故障,所谓的过速实际就是一个没有负载的、超过了峰值的转速。

检修过程

① 首先检查驱动电动机(旋变/温度)的接插件,见图5-36。检查该接插件是否接插良好。

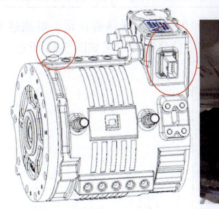
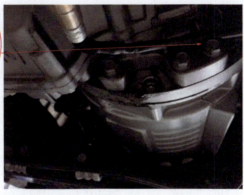

图5-36 检查驱动电动机接插件

② 检查驱动电动机与差减轴的结合面,检查是否有油渗出。如有油渗出且能听见明显的空转声音,则需要重点检查差减轴的状态。

③ 如上述2个地方状态良好,测量驱动电动机(旋变/温度)插头的旋变值。

1#、12# 针脚的旋变值:15Ω。

2#、11# 针脚的旋变值:36Ω。

3#、10# 针脚的旋变值:36Ω。

如该点的旋变值不符,则可判定该驱动电动机内部存在故障。

5.4.3 发电机旋变故障

故障现象 广汽 GA3S PHEV、GS4 PHEV 车辆在行驶过程中掉高压电,无法 READY。组合仪表报"系统故障、联系维修"。关闭钥匙休眠后,仍无法 READY。

故障诊断 用诊断仪连接车辆,读取系统故障信息如图 5-37 所示。

序号	控制器	硬件号	软件号	零件号	故障码	故障类型	定义	状态
1	制动控制系统	8030009BAC020H.0	8030009BAC020S.0	8030009BAC0200	无故障码			
2	助力转向系统	3410006BAC010H.?	3410006BAC010S.?	3410006BAC0100	无故障码			
3	发动机管理系统	1120003BAC1100H.0	1120003BAC1100S.0	1120003BAC1100	无故障码			
4	辅助安全系统	8040003BAC000H???	8040003BAC000S???	8040003BAC0000	U041881	历史的	从BCS收到的车速值无效 或者 BCS_VehSpdVD的值是无效的	28
5	电池管理系统				通讯异常			
6	前驱电机	1520007BAC0000H.5	1520007BAC0000S.5	1520007BAC0000	无故障码			
7	混动控制系统	1110003BAC0300H.E	1110003BAC0300S.E	1110003BAC0300	P179296	当前的	发电机故障级别3	AB
8	集成启动发电机	1520007BAC0000H.5	1520007BAC0000S.5	1520007BAC0000	P17A077	当前的	ISG电动机反转故障 关闭IPU	AF
9	娱乐系统				8505007BAC0200	无故障码		
10	空调系统	8130004BAC0600H.	8130004BAC0600S.	8130004BAC0600	U042281	历史的	从BCM接收到无效信号	2C
11	组合仪表	8270003BAC0701H.0	8270003BAC0701S.0	8270003BAC0701	无故障码			
12	车身控制模块	8045006BAC0100H.0	8045006BAC0100S.0	8045006BAC0100	U012987	历史的	BCS1通信报文丢失	28
13	车身控制模块	8045006BAC010H.?	8045006BAC010S.?	8045006BAC0100	U121087	历史的	BCS2通信报文丢失	28
14	车身控制模块	8045006BAC010H.?	8045006BAC010S.?	8045006BAC0100	U121187	历史的	BCS5通信报文丢失	28
15	TBOX	8550003BAC99F0H.	8550003BAC99F0S.	8550003BAC99F0	无故障码			

图 5-37 用诊断仪读取的故障信息

故障分析 根据故障码提示:"当前的发电机故障级别 3 ""当前的 ISG 电动机反转故障 - 关闭 IPU",结合维修手册对应的故障码诊断提示进行检测,见表 5-2。

表5-2 故障码分析

DTC	DTC定义	可能故障原因	维修处理方法
P17A077	ISG电动机反转故障 关闭IPU	• 转矩控制异常 • 电动机旋变异常	• 检查HCU控制扭矩命令 • 检查电动机旋变信号电路

提示 涉及转速类的故障,请首先检查电动机的旋变信号是否正常,可通过测量它的旋变阻值来判断,阻值不可超正常值的 ±5Ω。旋变信号针脚定义如图 5-38 所示。

针脚	名称	线色	定义
	ISG		
1	+12V	红	12V电源正极
2	R1_ISG	红	ISG激磁信号正极
3	S2_ISG	黄	ISG旋变信号SIN+
4	S1_ISG	白	ISG旋变信号COS+
5	MT1+_ISG	棕	ISG电动机温度信号1+
6	IGN(KEY_ON)	红	钥匙信号
7	HVIL_IN	灰	HVIL IN
8	HVIL-OUT	灰	HVIL OUT
9	GND_12V	黑	12V电源负极
10	R2_ISG	黑	ISG激磁信号负极
11	S3_ISG	蓝	ISG旋变信号COS-
12	MT1-_ISG	棕	ISG电动机温度信号1-
13	MT3+_ISG	棕	ISG电动机温度信号3+
14	MT3-_ISG	棕	ISG电动机温度信号3-
15	CANBL0	紫	CANBL0标定
16	OUTPUT	灰	OUTPUT
17	RESOLVER_SH	灰	RESOLVER屏蔽
18	S4_ISG	绿	ISG旋变信号SIN-
19	MT2+_ISG	棕	ISG电动机温度信号2+
20	MT2-_ISG	棕	ISG电动机温度信号2-
21	CANBHI		CANBHI标定
22	CANALO	绿	CANAHI程序烧写
23	CANAHI	紫	CANALO程序烧写

ISG旋变信号阻值测量表:
正旋信号:3～18#(阻值:38Ω)
余旋信号:4～11#(阻值:38Ω)
励磁信号:2～10#(阻值:18Ω)

图 5-38 旋变信号针脚定义

检修步骤

① 检查发电机旋变接插件是否接插良好，见图 5-39。注意检查该接插件的线束是否断裂或者端子退针。

图 5-39　检查旋变接插件

② 检查电动机控制器 ISG 通信插头（白色）的接插是否正常，见图 5-40。注意检查该接插件的线束是否断裂或者端子退针。

图 5-40　检查 ISG 通信插头

③ 如上述接插件、线束表面无异常，则用万用表测量发电机旋变的信号值 [ISG 通信插头（白色）]，针脚定义见图 5-38。如测量阻值不符合定义阻值，说明该接插件到发电机这个区间存在故障，可排查电动机控制器的故障。往下继续查找。

④ 拔掉发电机旋变接插件，测量 ISG 通信插头到发电机旋变插头之间的线束是否导通，便于排除中间线束部分的问题。往下继续查找。

⑤ 如以上步骤排查均无异常，则可判断发电机内部旋变故障，需更换发电机。

维修小结

① 对于这类反转故障、旋变故障（有关转速类的故障），首先应该检查电动机的旋变

信号是否正常，即测量它的阻值范围。

② 反转故障，也会涉及电动机三相线的接插情况。如果三相线接反，也会报这类故障。可确认该故障车是否是拆卸过三相线返修后安装的或者是否刚下线的新车，如果是正常行驶着的车辆，一般可排除这类故障的存在。

③ 出现"发电机反转故障 - 关闭 IPU"，一般较常见的是"发电机旋变的插头松动""发电机旋变的插头与曲轴的插头相互接反""电动机控制器 ISG 低压通信插头（白色）内端子退针"。

5.4.4　电动机控制器与驱动电动机的匹配

以下内容适用于知豆电动汽车。

匹配目的　实现驱动电动机与电动机控制器电角度匹配，使整车运行平稳，减少异响、噪声及抖动。

匹配对象　因车辆不能行驶，需更换电动机控制器或驱动电动机的车辆。

匹配步骤

① 点火开关钥匙旋转至"LOCK"位置，接通主电源（电源总开关在向上抬起的位置）。

② 把加速踏板踩到最低位置，不松开油门踏板的情况下，再把钥匙旋转至"ON"挡位置。

③ 向前或向后同一个方向匀速将车推行 1m 左右后松开油门踏板，不要停车，继续向前推行 3～5m 后停车，看到组合仪表上 READY 指示灯亮，表明匹配成功。

④ 关闭电源（钥匙旋转至 LOCK 挡位）。

5.5　驱动电动机控制系统故障

5.5.1　电动机控制器排查方法

将 PCU 总正、总负断开，如图 5-41 所示，利用万用表电阻挡测量 PCU 总正、总负之间阻值，若阻值无穷大，则正常；若为 0，则 PCU 内部短路，需更换内部元器件。

图 5-41　测量 PCU 总正、总负电阻值

5.5.2 电动机控制器检测方法之一

如何判断电动机控制器正常与否，下面以江铃 E200/E200S 车型为例讲解检测与判别方法。

（1）电动机控制器检测方法

电动机控制器连接端子针脚排列如图 5-42 所示，电动机控制器接插件如图 5-43 所示。

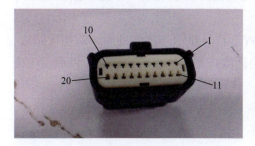

图5-42　J2护套顺序从右往左为 1→10，11→20

图5-43　电动机控制器接插件

① 1 号针脚是 12V−（地线），万用表打到导通挡，用万用表的黑表笔搭车身上的螺栓，红表笔放在 1 号针脚上，此时 1 号针脚与车身地是导通的。

② 11 号针脚是 12V+，万用表打到直流电压挡，钥匙拧到 ON 挡，万用表的黑表笔搭车身上的螺栓，红表笔放在 11 号针脚上，此时电压为 13.5V。

③ 2 号针脚是加速辅信号输入，万用表打到直流电压挡，钥匙拧到 ON 挡，万用表的黑表笔搭车身上的螺栓，红表笔放在 2 号针脚上，此时电压为 0.35V。

④ 18 号针脚是加速主信号输入，万用表打到直流电压挡，钥匙拧到 ON 挡，万用表的黑表笔搭车身上的螺栓，红表笔放在 18 号针脚上，此时电压为 0.7V。

⑤ 10 号针脚是 146V+，万用表打到直流电压挡，钥匙拧到 Start 挡，万用表的黑表笔搭 146V−（见图 5-44），红表笔放在 10 号针脚上，此时电压为 146V。

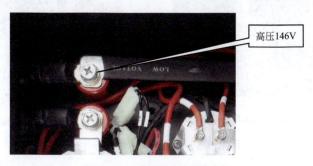

图5-44　高压146V测试点

⑥ 13 号针脚是倒挡信号输入，万用表打到直流电压挡，钥匙拧到 ON 挡，挂上倒挡，万用表的黑表笔搭车身上的螺栓，红表笔放在 13 号针脚上，此时电压为 13.5V。

⑦ 14 号针脚是前进挡信号输入，万用表打到直流电压挡，钥匙拧 ON 挡，挂上前进挡，万用表的黑表笔搭车身上的螺栓，红表笔放在 14 号针脚上，此时电压为 13.5V。

（2）判断电动机控制器正常与否

① 若 1 号、2 号、10 号、11 号、18 号电压都正常，当把钥匙拧到"Start"挡，仪表上"READY"符号不显示，则应是电动机控制器的故障。

② 当把钥匙拧到"Start"挡后，仪表"READY"符号显示，同时动力切断符号熄灭，听到放电继电器"嘀嗒"的声音，把钥匙松掉，回到"ON"挡，这时"READY"符号熄灭，动力切断符号亮起，放电继电器断开。此故障为：电动机控制器故障；放电继电器的故障/高压保险熔断。

③ 把钥匙拧到"Start"挡后，仪表上"READY"符号显示，挂前进挡，踩加速踏板，车辆不行驶，应检查 2 号、18 号针脚的电压是否会随着踩加速踏板的行程电压值而发生变化，检查 14 号/13 号针脚的电压是否为 13.5V。

注：当挡位已挂上前进或倒挡，把加速踏板踩到底时，2 号针脚的电压值应为 1.9V，18 号针脚的电压值为 3.8V，若这两个针脚的电压不变化，车辆是不能行驶的。此故障为整车控制器故障（前提是线路正常）。

当挂倒挡，13 号针脚的电压为 0；挂前进挡，14 号针脚的电压为 0，车辆也是不能行驶的。应检查保险盒里的挡位器保险（10A）是否烧坏及换挡器到电动机控制器 13 号、14 号针脚的线有没有导通。

5.5.3 电动机控制器检测方法之二

以江铃新能源 E200 车型为例。

（1）电动机控制器检测方法

把电动机控制器上面盖板的螺栓拆掉后，再把正负极动力线及相线拆掉，即可更换电动机控制器，见图 5-45。

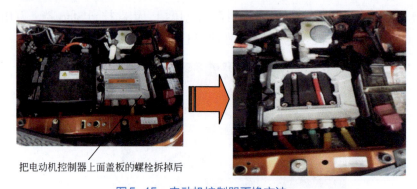

图 5-45 电动机控制器更换方法

接插件拔下的方法：如图 5-46 所示，把卡扣往外推，即可把接插件拔出。
电动机控制器接插件针脚排列如图 5-47 所示。

图5-46 接插件拆取方法

图5-47 电动机控制器接插件针脚排列

1号针脚为高压144V，万用表正表笔放在该针脚上，负表笔放在高压箱内负极端，把钥匙拧到"Start"挡，测量电压为144V。

6号针脚为加速踏板输出辅信号，为0.35V（钥匙拧到ON挡状态下测量）。

7号针脚为加速踏板输出主信号，为0.7V（钥匙拧到ON挡状态下测量）。

16号针脚为12V-信号，万用表打到导通挡，与车身铁测量，导通；

23号针脚为12V+信号，万用表打到电压挡，正表笔放在该针脚上，负表笔放在车身地，钥匙拧到ON挡，此时测量的电压为12V。

21号针脚为放电继电器12V-，控制放电继电器线圈端。

8号针脚为刹车信号，踩下制动踏板，此针脚电压为12V。

12号针脚为CAN-H信号线。

14号针脚为加速踏板5V-信号。

3号针脚为EPS输出信号。

4号针脚为"Start"挡信号，把钥匙拧到Start挡，该针脚电压为12V+。

5号针脚为CAN L信号线。

（2）判断电动机控制器正常与否

① 若1号、6号、7号、16号、23号针脚电压都正常，当把钥匙拧到"Start"挡，仪表上"READY"符号不显示，则应是电动机控制器的故障。

② 当把钥匙拧到"Start"挡后，仪表"READY"符号显示，同时动力切断符号熄灭，听到放电继电器"嘀嗒"的声音，把钥匙松掉，回到"ON"挡，这时"READY"符号熄灭，动力切断符号亮起，放电继电器断开。此故障为：电动机控制器故障；放电继电器的故障/高压保险熔断；12V+电源没到放电继电器。

③ 把钥匙拧到"Start"挡后，仪表上"READY"符号显示，挂前进挡，踩加速踏板，车辆不行驶，应检查6号、7号针脚的电压是否会随着踩加速踏板的行程电压值发生变化，检查11号/10号针脚的电压是否为13.5V。

特别提示 当挡位已挂上前进或倒挡，把加速踏板踩到底时，6号针脚的电压值应为1.9V，7号针脚的电压值为3.8V，若这两个针脚的电压不变化，车辆是不能行驶的。此故障为整车控制器故障（确定故障前先检查整车控制器的工作电源是否正常）。

当挂倒挡，10号针脚的电压为0；挂前进挡，11号针脚的电压为0，车辆也是不能行驶的。应检查保险盒里的挡位器保险（10A）是否烧坏及换挡器到电动机控制器10号、11号针脚的线有没有导通。

（3）整车控制器安装位置（见图5-48）

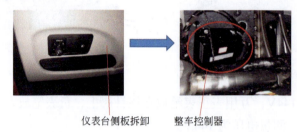

图5-48　整车控制器安装位置（江铃E200）

5.5.4　电动机控制器不吸合故障

针对江铃E200车型前舱支架搭地点油漆面太厚导致电动机控制器有时不能工作的排查方法如下。

先把钥匙拧到ON挡，万用表正表笔放在电动机控制器J2接插件第1号针脚上，负表笔放在前舱支架搭地点上，如此时不导通，或导通属间断性，应做如下处理：把上面的油漆用刀片刮掉，见图5-49。

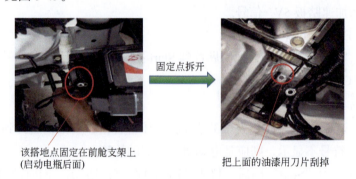

图5-49　处理搭铁点

最后把该搭地点固定好，打开钥匙，再次测量1号针脚与车身地的导通性。

5.5.5　电动机控制器故障诊断

以比亚迪唐为例，电动机控制器出现故障时，整车通常表现为无EV模式，仪表报"请检查动力系统"，检测故障时，需用诊断仪进入"电动机控制器"模块读取数据流，见图5-50，有两种情况：一种为"系统无应答"，需要进行全面诊断；另一种能读取相应故障码，则根据相应故障码进行诊断。

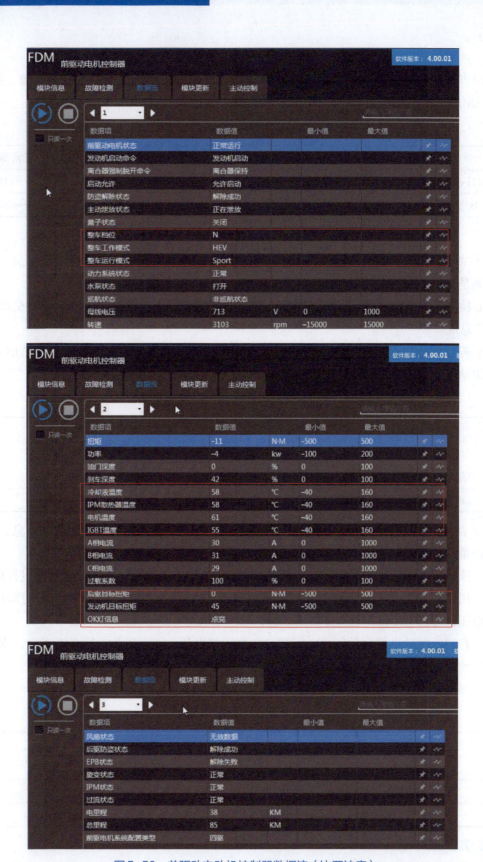

图5-50 前驱动电动机控制器数据流(比亚迪唐)

（1）读取"系统无应答"时诊断流程

检查低压接插件相关的引脚。若有异常，可检查相应的低压回路，包括电源、接地、CAN 通信等，见表 5-3。

表5-3 检查低压接插件相关的引脚

端子	信号	检测条件	正常值
B51-60/62～B51-61	VCC 外部12V电源	ON挡	10～14V
B51-36～B51-37	CANL CAN信号低	OFF挡（断蓄电池）	54～69Ω

（2）可读取故障码的诊断流程

① 故障码报"P1B0100：IPM 故障"：先查询驱动电动机控制器的程序版本信息，确认故障码是否能清除，然后再尝试多次上 OK 挡电试车，看故障是否会重现。

a. 检测检查直流母线到三相线的管压降是否正常；若不正常，更换驱动电动机控制器与 DC 总成。

b. 若管压降正常，确认是否还报其他故障码，若根据其他故障码进行排查依旧无效，更换驱动电动机控制器与 DC 总成。直流母线到三相线的管压降测量方法见表 5-4。

表5-4 直流母线到三相线的管压降测量方法

端子	万用表连接	正常值
三相线A/B/C—直流母线正极	正极—负极	0.32V左右
直流母线负极—三相线A/B/C	正极—负极	0.32V左右
三相线A/B/C—与车身地阻抗	正极—负极	10MΩ

② 故障码报"P1B0500：高压欠压"：先查询驱动电动机控制器的程序版本信息，确认故障码是否能清除，然后再尝试多次上 OK 挡电试车，看故障是否会重现。

a. 读取高压电池电压，若小于 400V，则对高压电池、高压配电箱和高压线路进行检查。

b. 用诊断仪读取电动机控制器直流母线电压（正常值为 400～820V），同时对比 DC 母线电压，若都不正常，则检查高压电池、高压配电箱和高压线路。

c. 若驱动电动机控制器母线电压和 DC 高压侧电压，一个正常，一个不正常，则更换驱动电动机控制器与 DC 总成。

③ 旋变信号异常检查，见表 5-5。

表5-5 旋变信号异常检查

故障码	故障含义
P1BBF00	前驱动电动机旋变故障—信号丢失
P1BC000	前驱动电动机旋变故障—角度异常
P1BC100	前驱动电动机旋变故障—信号幅值减弱

检查低压接插件

a. 退电 OFF 挡，拔掉电动机控制器低压接插件。

b. 测 B51-44 和 B51-29：（8.3±2）Ω；测 B51-45 和 B51-30：（16±4）Ω；测 B51-46 和 B51-31：（16±4）Ω。所测阻值如图 5-51 所示。

(a) B51-44脚与29脚之间阻值

(b) B51-45脚与30脚之间阻值

(c) B51-46脚与31脚之间阻值

图 5-51　测量低压接插件阻值

c. 如果所测电阻正常，则检查电动机旋变接插件是否松动，如果没有，则为动力总成故障。

④ 过温故障检测，见表 5-6。

表5-6　过温故障检测

故障码	故障内容
P1BB300	前驱动电动机控制器IGBT过温告警
P1BB400	前驱动电动机控制器水温过高报警
P1BC700	前驱动电动机控制器IPM散热器过温故障
P1BC800	前驱动电动机控制器IGBT三相温度校验故障报警

a. 电动机冷却系统防冻液不足或有空气。

b. 电动机电动水泵不工作。

c. 电动机散热器堵塞。

d. 前驱动电动机控制器与 DC 总成。

⑤ 故障码报"P1B0900：开盖保护"：先查询驱动电动机控制器的程序版本信息，确认故障码是否能清除，然后再尝试上 OK 挡电试车，看故障是否会重现。检测控制器盖子是

否打开；更换驱动电动机控制器与 DC 总成。

⑥电动机缺相、电动机过流故障检测，见表 5-7。

表5-7 电动机缺相、电动机过流故障检测

故障码	故障内容
P1BC200	前驱动电动机缺A相
P1BC300	前驱动电动机缺B相
P1BC400	前驱动电动机缺C相
P1B0000	前驱动电动机过流

⑦检查电动机三相线。

a. 退电 OFF 挡，取下维修开关。拔掉电动机三相线高压接插件。

b. 电动机 A、B、C 三相高压线之间阻值为（0.36±0.02）Ω，阻值如图 5-52 所示。

图 5-52　测量三相高压线之间阻值

c. 如果所测电阻异常，则检查接插件是否松动，如果没有，则为动力总成故障。

5.5.6　电动机控制器高温故障

故障现象　比亚迪唐车辆在满电状态下 EV 模式行驶几分钟后，突然自动切换到 HEV 模式，人为也无法再切回 EV 模式；仪表没有故障提示。使用 ED400 或 VDS1000 读取到在车辆切换 HEV 瞬间，驱动电动机控制器中的 IGBT 温度达到 100°。

故障分析　在驱动电动机控制器及 DC 总成内部，有三组单元在工作时会产生热量，分别为 IPM（控制器内部智能功率控制模块）、IGBT（电动机驱动模块）、电感。因此，在驱动电动机控制器及 DC 总成内部有相应的水道对这三个部分进行冷却。导致 IGBT 高温报警的原因有：

①电动机冷却系统防冻液不足或有空气。

②电动机电动水泵不工作。

③电动机散热器堵塞。

④驱动电动机控制及 DC 总成本身故障。

检修过程

①使用 ED400 或 VDS1000 读取驱动电动机数据流，水泵工作不正常。

②检查散热风扇正常启动、运行。

③ 检查过程中发现电动水泵在 OK 电下水泵不工作，致使 IGBT 温度迅速上升。

④ 仔细检查发现水泵搭铁出现断路故障，通过排查找到断路点。重新装配好试车，故障排除。

维修小结　工作温度超过一定范围时，驱动电动机控制器及 DC 总成就会检测到，同时经过 CAN 网络传递给发动机 EMS，EMS 驱动冷却风扇继电器后，冷却风扇工作以快速冷却防冻液，以降低温度。以下为冷却风扇工作条件：

① 电动机水温：47～64℃低速请求；大于 64℃高速请求。

② IPM：53～64℃低速请求；大于 64℃高速请求；大于 85℃报警。

③ IGBT：55～75℃低速请求；大于 75℃高速请求；大于 90℃限制功率输出；大于 100℃报警。

④ 电动机温度：90～110℃低速请求；大于 110℃高速请求。

满足 3 个低速请求，电子风扇低速转动；满足 1 个高速请求，电子风扇高速转动。

5.5.7　电动机控制器与 DC 总成故障

故障现象　比亚迪唐车辆上电 OK 灯点亮，SOC 为 83%，EV 模式行驶中自动切换到 HEV，发动机启动，无法使用 EV 模式，仪表提示，请检查动力系统。

检修过程

① 用诊断仪读取整车各模块软、硬件版本号，整车故障码并记录。

② 清除整车故障码后对车辆重新上电。

③ 试车故障再次出现，读取数据流，驱动电动机控制器报：P1B1100 旋变故障—信号丢失；P1B1300 旋变故障—信号幅值减弱。

④ 在驱动电动机控制器 62Pin 接插件线束端，分别测量电动机旋变阻值正常；参考标准：正弦（16±4）Ω、余弦（16±4）Ω、励磁（8.3±2）Ω。

⑤ 检查驱动电动机控制器 62Pin 接插件端子、旋变小线端子，正常。

⑥ 更换驱动电动机控制器与 DC 总成后，车辆恢复正常。

维修小结

更换前驱动电动机控制器及 DC 总成，需要进行防盗编程及标定，具体如下：

① 更换必须对旧控制器 ECM 密码清除，见图 5-53。

② 安装新控制器需 ECM 编程，如图 5-54 所示。

图 5-53　进行 ECM 密码清除

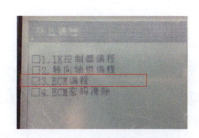

图 5-54　进行 ECM 编程

③ ECM 编程完成，退电 5s，重新上电。对电动机系统配置设置见图 5-55。

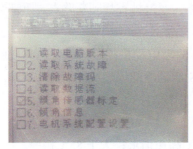
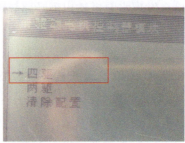

图 5-55　电动机系统配置设置

④ 读取倾角信息，如图 5-56 所示。

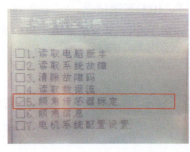
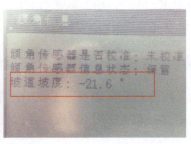

图 5-56　读取倾角信息

提示　在车辆处于水平时读取倾角数值，确认是否正常（坡道坡度正常值：0°）；如有偏差，则进行倾角标定。

⑤ 确认刹车信号是否正常，标定完毕后车辆退电，5s 后重新上电。读取数据流，确认刹车信号是否正常，不踩刹车时信号为 0，见图 5-57。

注：如果数据异常，则需进行刹车起点标定，标定方法如下。

a. 整车上 ON 挡电（特别注意不要上 OK，否则车辆在进行第 2 步时会有车辆向前冲的危险）；不要踩刹车（有制动开关信号就无法标定）。

b. 深踩油门（50%～100%），持续 5s 以上，电控便可自动标定。

图 5-57　确认刹车信号

c. 正常退电一次，延迟 5s 再上电。

5.5.8　车辆挂挡不行驶故障

故障现象　比亚迪 e6 车辆挂挡不走车，OK 灯正常点亮，挡位正常显示，仪表显示请检查动力系统，见图 5-58。

故障分析

可能的部件或线路如下。

① 前驱动电动机及相关线路故障。

② VTOG 故障及相关线路故障。

③ 电池管理器故障。

④ 高压配电箱及相关线路。

⑤ 仪表配电盒及线路。

检修过程

① 用 ED400 读取系统 VTOG 故障码：P1B0000（驱动 IPM 故障）、P1B0A00（电动机缺相故障），如图 5-59 所示。

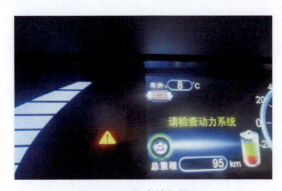

图 5-58　仪表检修提示

图 5-59　诊断仪读取故障码

② 清除故障码重新读取 P1B0A00（电动机缺相故障）。

③ 根据缺相故障提示，测量驱动电动机三相阻值，A、B、C 三相任意两相之间的阻值为 0.2Ω，正常，见图 5-60，正常值为 0.3Ω 以内。

④ 观察高压电池管理器数据流，放电主接触器已正常吸合，母线电压已到驱动电动机控制器，说明电池包和高压配电箱的工作正常。

⑤ 检查驱动电动机三相之间电阻正常，问题集中到驱动电动机控制器（双向逆变器）。

故障排除　更换驱动电动机控制器，试车故障排除。

图 5-60　测量驱动电动机三相阻值

5.5.9　挂挡无法行驶故障

故障现象　比亚迪 e6 车辆挂挡无法行驶，仪表各功能显示正常，OK 灯点亮，挂 D 挡及 R 挡时加油车辆无反应。

故障分析

① VTOG 控制器故障。

② 制动开关及低压线路故障。

③ 加速踏板故障。

检修过程

① 用诊断仪读取了系统故障：P1B3200（GTOV 电感温度过高），如图 5-61 所示，故障码可以清除，但是车辆还无法行驶。

图 5-61　故障码读取

② 读取 VTOG 系统数据流发现电感温度显示无效值，有时达到 160℃，温度异常，见图 5-62。

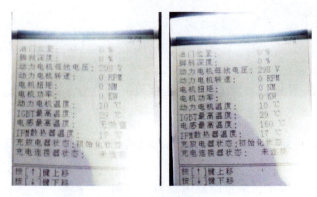

图 5-62　数据流分析

③ 根据数流分析电感温度过高导致电动机控制器进行热保护，初步判定为 VTOG 内部故障。

故障排除　更换双向逆变器总成后故障消失，可以挂挡行驶。

维修小结　VTOG 是双向逆变充放电式电动机控制器的英文缩写。控制器类型为电压型逆变器，利用 IGBT 将直流电转换为交流电，额定电压为 330V，主要功能是控制电动机和发电机等根据不同工况控制电动机的正反转、功率、转矩、转速等。即控制电动机的前进、倒退，维持电动车的正常运转。关键零部件为 IGBT，IGBT 实际为大电容，目的是为了控制电流的工作，保证能够按照我们的意愿输出、输入合适的电流参数。控制器总成包含上中下三层，上下层为电动机、充电控制单元，中层为水道冷却单元，总成还包括信号接插件（包含 12V 电源/CAN 线/挡位油门刹车/旋变/电动机过温信号线/预充满信号线等。比亚迪 e6 电动机控制器总成安装位置见图 5-63。

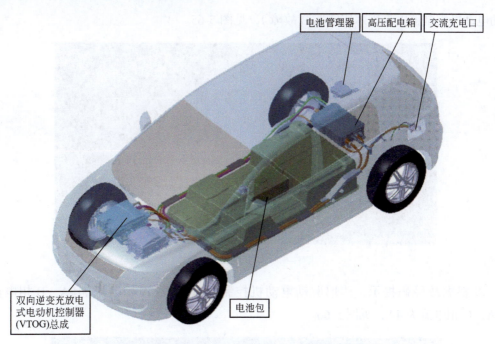

图5-63 VTOG总成安装位置（比亚迪e6先行者）

5.5.10 车辆没有EV模式

故障现象 比亚迪唐仪表显示动力系统故障，见图5-64，电量充足但没有EV模式，发动机可以正常启动行驶。

图5-64 仪表检修提示

故障分析

① 高压配电箱故障。

② 前驱动电动机控制器故障。

③ BMS故障。

④ 动力电池故障。

⑤ 高压互锁故障。

检修过程

① 读取前驱动电动机控制器故障码为P1BB000（前驱动电动机过流）、P1BC500（前

驱动电动机控制器电流霍尔传感器 B 故障），见图 5-65。

图 5-65　读取故障码内容

② 根据故障码提示，读取驱动电动机控制器数据流：A 相电流 719A，B 相电流为 714A，C 相电流为 4A，见图 5-66。

图 5-66　电动机控制器数据流

③ 根据数据流提示，实测驱动电动机三相绕组阻值为 0.3Ω，阻值正常，见图 5-67。

图 5-67　测量三相阻值

④ 由于数据流显示 A、B 相电流明显异常，故障点集中在驱动电动机控制器。

故障排除 更换前控制器总成，读取数据流显示正常，见图 5-68，试车故障排除。

图 5-68 更换控制器后的数据流

5.5.11 车辆预充无法完成

故障现象 比亚迪秦 PHEV 车辆无 EV 模式，SOC 为 62%，仪表主屏上提示请检查动力系统，诊断仪进入高压电池管理器，读取故障码为 P1A3400（预充失败故障）。

故障分析 车辆预充完成的主要控制流程见图 5-69。

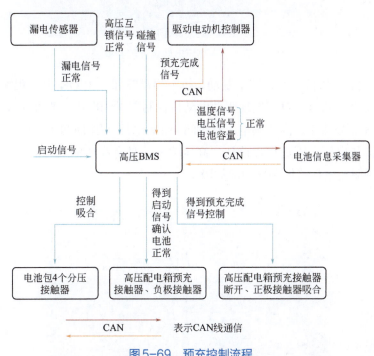

图 5-69 预充控制流程

第 5 章 电动机驱动系统维修　129

当高压 BMS 接收到启动信号（按下启动按钮）以后，通过 CAN 线与电池信息采集器通信，检测电池包内单节电池电压、温度及容量等参数是否正常，并通过漏电传感器检测是否存在漏电情况。如果以上参数正常，则控制电池包内 4 个分压接触器吸合。与此同时，高压 BMS 开始控制高压配电箱上预充接触器与负极接触器吸合，当驱动电动机控制器检测预充电压已经达到电池包总电压的 2/3 以上时，通过 CAN 线通信告知高压 BMS 预充完成，高压 BMS 即断开预充接触器，吸合正极接触器，整车高压上电。如果高压 BMS 在 10s 之内仍未检测到预充完成信号，则断开预充回路（包括预充接触器、负极接触器及电池包内部 4 个分压接触器）。

根据以上原理分析，造成预充失败的主要原因有：电池包故障；驱动电动机控制器故障；高压 BMS 故障；高压配电箱故障；高压系统漏电故障；高压互锁故障。

检修过程

① 车辆退电后重新上 ON 挡电，进入高压电池管理器，读取故障码为 P1A3400（预充失败故障）。检查电池电量（SOC:62%），当前总电压为 506 V，单体最高电池电液及温度正常；电池包 4 个分压接触器吸合，电池包正常，见图 5-70。

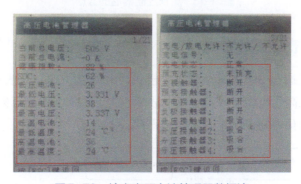

图 5-70　检查高压电池管理器数据流

② 进入驱动电动机控制器，踩下制动，按下启动按钮，上 OK 电，观察驱动电动机控制器母线电压变化，见图 5-71，发现驱动电动机控制器母线电压一直在 13V 左右。同样的方法进入 DC/DC，发现 DC 高压侧电压有瞬间 491V 电压。因 DC/DC 与驱动电动机控制器用的是同一路高压电压，因此可以确认，高压输入端是有高压输入，但驱动电动机控制器未检测到，怀疑驱动电动机控制器内部故障。

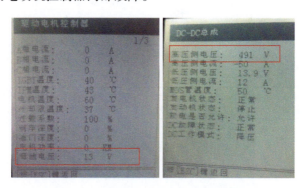

图 5-71　检查驱动电动机控制器母线电压

故障排除 更换驱动电动机控制器，故障排除。

维修小结 预充完成需要满足以下几个条件。

① 电池包电压、温度信号及容量正常，不存在漏电现象。

② 预充回路正常，即预充接触器及负极接触器控制端及供电端线路正常，可以参照电路图检修。

③ 驱动控制器与DC总成、高压BMS通信正常，高压互锁，整车高压回路正常。

5.5.12 电动机控制器旋变故障

故障现象 比亚迪唐车辆行驶过程中动力系统故障灯偶尔点亮，同时仪表上ESP灯亮，提示请检查ESP系统。重新启动后，仪表上动力系统故障灯熄灭，此时ESP灯仍然点亮，见图5-72。

驱动电动机控制器报多个故障码，且无法清除。读取故障码为：P1B1100（旋变故障—信号丢失）、P1B1200（旋变故障—角度异常）、P1B1300（旋变故障—信号幅值减弱）。

图5-72 仪表提示及系统故障码显示

ESP系统报故障码U059508[主电动机CAN数据被破坏/中断（历史）]，见图5-73。

图5-73 ESP系统故障码显示

故障分析

① EPS报出的故障码U059508属于通信类故障码，故障源并不在ESP上，而是在主电动机。

② 主电动机内部故障码说明驱动电动机控制器无法正确采集到旋变信号，此种故障有3种情况：电动机内旋变检测异常、旋变小线故障、驱动电动机控制器异常。

③ 旋变本身并不复杂，其主要目的是为了正常检测驱动电动机工作三相高压电与电动机转子运转匹配情况，其工作原理类似磁感应式传感器，见图5-74。

图5-74 旋变信号检测原理

检修过程

① 车辆到店后检查发现发动机启动,无法切换 EV 模式,电动机驱动控制器数据可以看到故障循环出现的次数。

② 读取故障码为旋变信号丢失,旋变角度异常,旋变信号幅值减弱;电动机缺 A、B、C 相,故障码可以清除。

③ 从驱动电动机控制器端测量,旋变-励磁阻值为(9.6±2)Ω,旋变-正旋、余旋阻值为(16.3±2)Ω,阻值正常。驱动电动机旋变电路如图 5-75 所示。

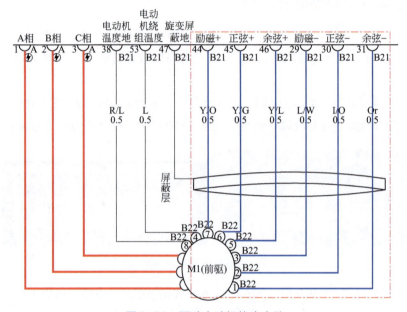

图 5-75　驱动电动机旋变电路

④ 根据故障检测次数跟用户沟通,了解到故障是偶发性的,因此打开前舱盖,晃动了旋变插头,此时发动机启机动了,很快又熄火了,故障灯亮。

⑤ 分解电动机端旋变插头针脚,针脚无异常。再安装旋变针脚及插头,路试故障未再出现,故障码不再出现。

⑥ 再次打开机盖并晃动旋变线束插头,发动机启动,并很快熄火,故障码再次出现,仪表ESP故障灯亮。

⑦ 最后检查故障原因为与电动机旋变对接的线束端针脚未压实,导致线束虚接,见图 5-76。

图 5-76　旋变线束连接不良

维修小结　旋变本身并不复杂,其主要目的是为了正常检测驱动电动机工作时三相高压电与电动机转子运转匹配情况。当旋变故障出现时,无论是间歇性,还是故障持续存在,检测方法是一样的,关键是要确认旋变的阻值、线束导通情况,当这两点能确认,故障就很容易排除了。

5.6 变速器故障

5.6.1 比亚迪BYDT75变速器一键自适应方法

(1) 需要进行标定的情况

更换变速器总成、油泵组件、电液控制模块、双离合器总成、TCU,软件刷新升级。

(2) 标定前需满足的条件

整个自适应过程中车辆处于HEV+SPORT模式下保持挂挡杆在N挡位置（见图5-77），关闭空调，拉起EPB，踩下制动踏板，发动机怠速状态，方向盘静止不动至自适应结束（需在水平路面）。

图5-77 车辆挡位与模式设置

(3) 标定流程

方法一：连上ED400诊断仪，选择"车型诊断"，见图5-78。

- 进入车型选择界面，选择车型（选择S7车型，进入DCT系统），见图5-79。
- 选择"自适应"，见图5-80。

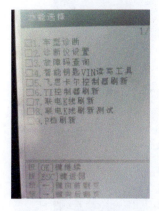  

图5-78 选择诊断功能　　图5-79 选择车型　　图5-80 选择"自适应"

- 选择"一键自适应"，见图5-81。

- 接着会有几下挂挡的冲击，属正常现象，显示"正在操作"大概用时 1 ～ 3min，见图 5-82。
- 页面进入"一键自适应成功"，完成自适应，见图 5-83。

图 5-81　选择"一键自适应"　　　图 5-82　程序操作中　　　图 5-83　一键自适应成功

方法二：连上 VDS1000 诊断仪，选择相应车型。
- 进入 TCU 模块，选择"自适应"。
- 选择"一键自适应"，见图 5-84。

图 5-84　进入"一键自适应"

- 按屏幕提示要求操作车辆。
- 点击执行按键即可，成功后会显示如图 5-85 所示界面。

图 5-85　执行界面

注：自适应过程中发动机会出现熄火 1 s 左右，然后再次启动属正常现象。

5.6.2 比亚迪 BYD6HDT45 变速器数据流分析

变速器的故障诊断经常需要从数据入手。常用的数据主要包括：发动机转速、输入轴转速、离合器实际压力、促动器位置、促动器中位等。下面介绍各主要数据的正常范围及故障的诊断。

（1）离合器实际压力

离合器实际压力一般在 300 ～ 2800kPa 之间，当离合器处于分离状态时，离合器实际压力一般在 300 ～ 500kPa 之间。当离合器处于结合状态时，离合器实际压力一般在 800kPa 以上。离合器压力数据见图 5-86。

如果出现离合器压力在 2800kPa 以上，踩下油门踏板，发动机转速飙升，车速提升缓慢，则说明离合器打滑，一般是由离合器片烧损导致，需更换离合器。

如果出现离合器压力低于 300kPa，一般会出现行驶中突然熄火和无动力输出故障，可先检查变速器油量是否不足，油量不足需补加变速器油，若油量充足，则更换电液模块；若故障还没消除，则拆箱检查。

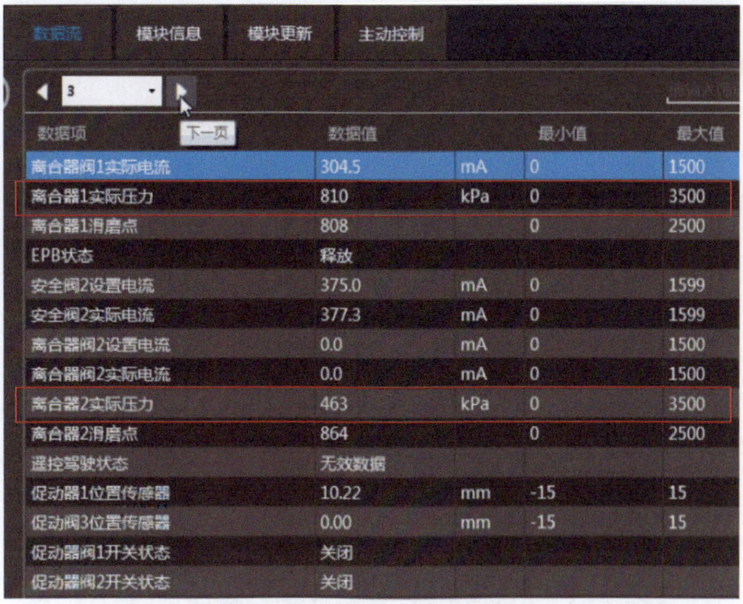

数据项	数据值		最小值	最大值
离合器阀1实际电流	304.5	mA	0	1500
离合器1实际压力	810	kPa	0	3500
离合器1滑磨点	808		0	2500
EPB状态	释放			
安全阀2设置电流	375.0	mA	0	1599
安全阀2实际电流	377.3	mA	0	1599
离合器阀2设置电流	0.0	mA	0	1500
离合器阀2实际电流	0.0	mA	0	1500
离合器2实际压力	463	kPa	0	3500
离合器2滑磨点	864		0	2500
遥控驾驶状态	无效数据			
促动器1位置传感器	10.22	mm	-15	15
促动阀3位置传感器	0.00	mm	-15	15
促动器阀1开关状态	关闭			
促动器阀2开关状态	关闭			

图 5-86　离合器压力数据

（2）离合器滑磨点

离合器滑磨点一般在 600 ～ 1000 之间，随着车辆的使用情况会变化，见图 5-87。离合器滑磨点过小会造成的故障现象一般有起步发冲和升挡顿挫。离合器滑磨点过大会造成起步迟钝故障，也会出现升挡顿挫。发生离合器滑磨点过大或者过小时可热车之后再操作离合器自适应，若故障仍无法排除，则需更换离合器。

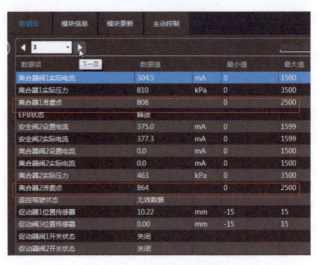

图5-87 离合器滑磨点数据

(3) 促动器中位

促动器中位即拨叉中位，促动器1为1/3挡拨叉，促动器2为2/4挡拨叉，促动器3为5挡拨叉，促动器4为6/R挡拨叉，促动器5为EV挡与充电挡拨叉。因为促动器1、2、4、5均控制两个挡位，故有一个中间位置为N挡状态。

促动器中位值范围（见图5-88）如下。

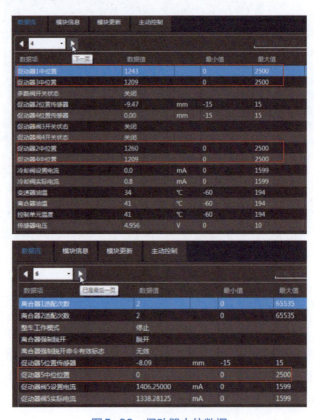

图5-88 促动器中位数据

促动器 1：1170 ～ 1330。

促动器 2：1160 ～ 1320。

促动器 3：1130 ～ 1290。

促动器 4：1120 ～ 1280。

促动器 5：1100 左右（后期可能改变）。

若中位值不在对应范围，会出现挂挡打齿、异响或某挡挂不到位等故障，出现这些故障时可以先检查电液模块和 TCU 接插件是否连接好，针脚有没有歪斜，若无异常，则更换电液模块；若故障仍未排除，则需更换变速器处理。

（4）促动器位置

每个促动器有一个位置传感器，用于感应促动器位置，正常情况下促动器位置传感器数值在 ±11 之间，超过 11 的话就会报错，出现故障。促动器位置传感器数据见图 5-89。

促动器位置在 1、4、5、6 充电挡时，促动器位置传感器数值为正值；在 2、3、R、EV 挡时，促动器位置传感器数值为负值；空挡位置为 0。促动器 1 和促动器 3 为 0，1、3 挡拨叉和 5 挡拨叉在空挡位置，促动器 2 数值为 −9.90，2、4 挡拨叉在 2 挡位置，促动器 4 数值为 −8.30，6、R 挡拨叉在 R 挡位置。

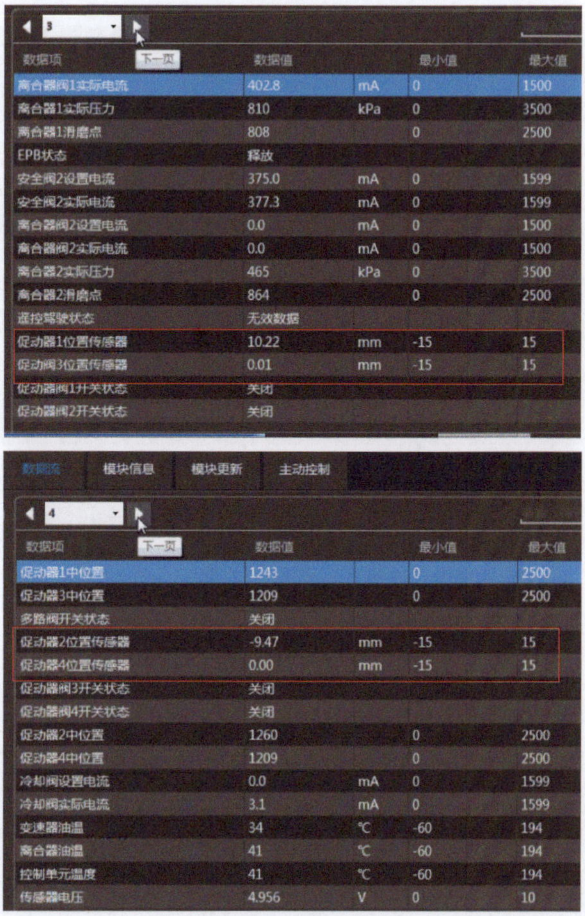

数据项	数据值		最小值	最大值
离合器阀1实际电流	402.8	mA	0	1500
离合器1实际压力	810	kPa	0	3500
离合器1滑磨点	808		0	2500
EPB状态	释放			
安全阀2设置电流	375.0	mA	0	1599
安全阀2实际电流	377.3	mA	0	1599
离合器阀2设置电流	0.0	mA	0	1500
离合器阀2实际电流	0.0	mA	0	1500
离合器2实际压力	465	kPa	0	3500
离合器2滑磨点	864		0	2500
遥控驾驶状态	无效数据			
促动器1位置传感器	10.22	mm	-15	15
促动阀3位置传感器	0.01	mm	-15	15
促动器阀1开关状态	关闭			
促动器阀2开关状态	关闭			

数据项	数据值		最小值	最大值
促动器1中位置	1243		0	2500
促动器3中位置	1209		0	2500
多路阀开关状态	关闭			
促动器2位置传感器	-9.47	mm	-15	15
促动器4位置传感器	0.00	mm	-15	15
促动器阀3开关状态	关闭			
促动器阀4开关状态	关闭			
促动器2中位置	1260		0	2500
促动器4中位置	1209		0	2500
冷却阀设置电流	0.0	mA	0	1599
冷却阀实际电流	3.1	mA	0	1599
变速器油温	34	℃	-60	194
离合器油温	41	℃	-60	194
控制单元温度	41	℃	-60	194
传感器电压	4.956	V	0	10

图 5-89

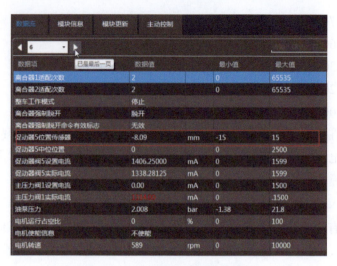

图5-89　促动器位置传感器数据

(5) 油泵信息

数据流信息见图5-90、图5-91。油泵压力（Bar）0～20Bar；电动机运行占空比42%～99%；电动机使能信息使能-禁止；电动机转速800～2500r/min

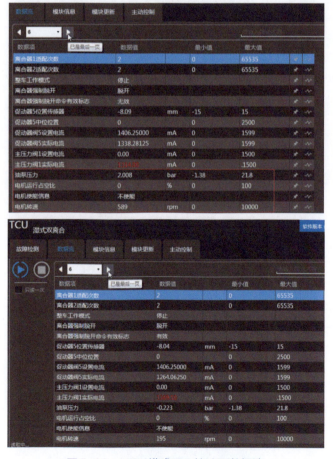

图5-90　HEV模式下P挡油泵数据流

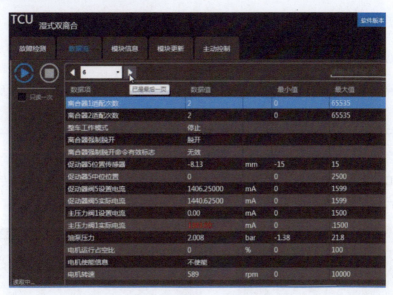

图5-91 HEV模式下D挡油泵数据流

5.6.3 车辆无法启动，P挡指示灯闪烁故障

故障现象 比亚迪唐DM车辆无法启动，车辆正常上电，组合仪表显示请检查网络系统，见图5-92，P挡指示灯闪烁。

图5-92 仪表提示"请检查车辆网络"

故障分析 网关控制器故障；TCU熔丝损坏故障；相关线束通信异常；TCU故障。

维修步骤

① 用VDS1000扫描模块时无法正常进入TCU模块，其他模块通信正常，TCU通信出现异常。

② 进入相关模块读取故障时发现只有ECM系统存在故障，显示U0102[ECM与TCU通信失败（历史故障）]。

③ 清除故障码，重新启动车辆测试，依旧只有ECM报故障，这时就显示U0102[ECM与TCU通信失败（当前故障）]。

④ 重点检查TCU电源和ECM到TCU之间通信线束，拔下F1/20#30A TCU熔丝正常无损坏，检查BJ37 R/Y和AJ02 R/Y对接插头16#针脚无异常，测量电源导通性正常，拔下TCU模块A49#插头测量1#R/Y和3#R/Y针脚都有12V电源信号，测量48#CAN-H线2.6V正常，测量62#CAN-L线2.38V正常，此时判定为TCU模块内部故障。

故障排除 更换 TCU 模块后故障排除。

5.6.4 变速器功能受限故障

故障现象 比亚迪唐车辆出现故障时没有 2、4、6 挡,仪表出现变速器功能受限,见图 5-93。

故障分析 电液控制模块故障;湿式双离合器总成故障。

检修过程

① 用 VDS1000 读取 TCU 发现有两个故障码:P160F(离合器 2 压力传感器故障)、P163A(离合器 2 压力不正常),见图 5-94。

图 5-93 仪表提示"变速器功能受限"

图 5-94 读取故障码信息

② 读取数据流发现离合器 2 实际压力只有 55kPa(严重偏小),离合器 1 实际压力 455kPa(正常),见图 5-95。

图 5-95 离合器压力值数据

③ 结合故障码以及数据流判断为电液控制模块故障导致。

故障排除 更换电液控制模块后故障排除。

5.6.5 无 EV 模式,只能 HEV 模式行驶

故障现象 比亚迪唐车辆仪表提示"变速器功能受限",见图 5-96,无 EV 模式,只能 HEV 模式行驶。

图5-96 仪表提示"变速器功能受限"

故障分析 电液控制模块故障；湿式双离合器总成故障；TCU故障；线束故障；变速器机械故障。

检修过程

① 用VDS1000读取TCU发现有两个故障码：P1684（EV2挡挂不到位）、P1685（EV挡回不了空挡），见图5-97。

图5-97 读取系统故障码

② SOC为53%时查看数据流发现P挡时促动器5位置传感器的数值为8.94 mm（在发电时正常应该在EV挡），如图5-98所示。

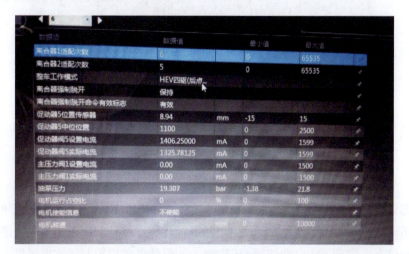

图5-98 查看P挡数据流

第5章 电动机驱动系统维修 141

③ 做一键自适应无法成功，显示挡位失败，确认过程中油泵电动机可以运转，排除油泵电动机其控制器异常。

④ 检查挡位传感器接插件未见异常。

⑤ 为避免挡位传感器误报，更换后故障依旧。

⑥ 通过以上确认为变速器机械部分异常导致 EV2 挡挂不到位。

5.6.6 从 EV 模式自动切换到 HEV 模式

故障现象 仪表显示当前 SOC 为 90%，OK 灯点亮，EV 模式起步后不久自动切换到 HEV 模式，仪表无异常提示，见图 5-99。

图 5-99 故障车辆仪表显示

故障分析 高压系统异常；变速器异常。

检修过程

① 扫描各高压模块无故障码。

② 扫描 TCU 发现报 P1688[油泵压力低（当前故障）]，见图 5-100。注：若 TCU 报 P1688 故障会导致车辆 EV 模式不能正常使用，此油泵压力是指油泵电动机的压力，并非变速器油泵组件的压力偏低。

图 5-100 TCU 系统故障码

③ 考虑到车辆原地不动且模式不切换时油泵电动机不工作，故无法在判断实际工作情况（注：若车辆在做 TCU 一键自适应时，可从适配过程中确认油泵电动机是否能正常运转）。

④ 首先试车，发现 EV 自动切换 HEV 时，前驱动电动机控制器数据流显示发动机启动原因为"TCU 请求启动发动机"，见图 5-101，进一步确认为变速器部分导致车辆出现故障。

图5-101　前驱动电动机控制器数据

⑤ 再次试车观察故障时，TCU 的数据流变化如下：电动机运行占空比 80%、电动机使能信息为使能、电动机转速 0，见图 5-102（根据控制原理分析说明：TCU 已经发送命令给油泵电动机控制器，但油泵电动机控制器未驱动运转）。

图5-102　TCU数据流

⑥ 分析出现上述数据流原因有：油泵电动机控制器供源有异常；油泵电动机控制器内部损坏；油泵电动机自身损坏。

⑦ 检查油泵电动机控制器的电源脚（Ea06 -2）发现无 12V 供电，进一步结合电路图检查油泵电动机控制器供电保险 F6/1（此保险在副驾座椅下的盒中），发现保险极柱松脱，重新紧固故障排除。

5.6.7　车辆无法上 OK 挡

故障现象　比亚迪秦车辆无法上 OK 挡，仪表主屏上 OK 灯不亮，P 挡指示灯闪烁，并提示请检查动力系统。

故障分析 OK 灯即车辆可行驶信号灯，正常情况下，OK 灯点亮即表示车辆已经满足可以行驶的必要条件，其控制流程如下：

将挡位置于 P 挡，踩下制动踏板，按下启动按钮，当驱动电动机控制器接收制动、挡位及启动信号后，分别与发动机 ECU、TCU 及 BCM 等模块进行通信，在各模块之间通信正常的情况下，即通过 CAN 线向仪表发出 OK 灯点亮命令，驱动 OK 点亮。整个流程图如图 5-103 所示。

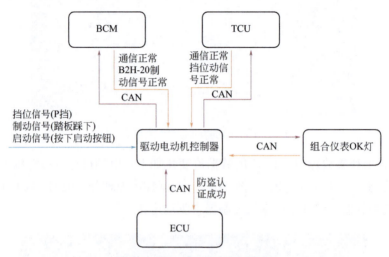

图 5-103　亮 OK 灯控制流程

根据以上控制逻辑分析，引起该故障的原因可能有以下方面：制动信号故障；挡位信号故障；驱动电动机控制器故障；ECU 故障；TCU 故障；BCM 故障；CAN 网络通信故障。

检修过程

① 用 ED400 分别进入驱动电动机控制器（见图 5-104）、ECU、TCU、BCM 系统，确认各个模块通信是否正常。经确认发现 TCU 无法进入。

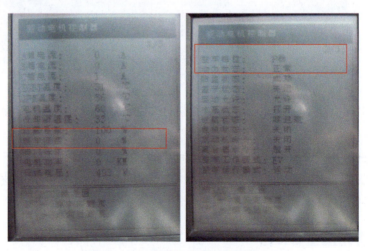

图 5-104　电动机控制器数据流

② 拔掉 TCU 插头，测量 14 号、15 号针脚 CAN 线电压为 2.5V 左右，阻值为 67Ω 左

右、TCU8 号针脚（B）对地导通，9 号针脚（G/R）有 12V 电源，可以确认 TCU CAN 线线路正常，电源、搭铁正常，怀疑是 TCU 内部故障。

③ 更换电液控制模块确认，故障排除。

维修小结

① 要确认驱动电动机控制器是否收到制动信号及挡位信号，可以通过驱动电动机控制器的数据流确认。

② 上 OK 挡时，驱动电动机控制器必须与 ECU 要进行防盗认证，如果认证失败，则无法上 OK 挡。所以在更换驱动电动机控制器时，需要进行防盗编程及标定，具体可以参考驱动电动机控制器标定方法。

5.6.8　车辆挂挡后无法行驶

故障现象　车辆上 OK 挡电，仪表提示："请检查动力系统"，车辆挂到 D 挡（仪表显示 D 挡），车辆无法行驶。

故障分析　P 挡电动机故障；P 挡控制器内部故障或者线束故障。

检修过程

① 读取 P 挡控制器数据流，发现数据异常：驱动电压、霍尔脉冲个数为零，见图 5-105。

(a) 异常数据

(b) 正常数据

图 5-105　P 挡控制器数据流

② 检查 P 挡电动机控制器电源及搭铁。P 挡电动机控制电路图 5-106 如示。

a.P 挡电动机控制器的 2 处电源输入：1、17 针脚，将车辆上 ON 挡电，测量这 2 个针脚，电压为 12V 以上，正常。

b.P 挡电动机控制器两个搭铁：24、25 针脚，测量其和车身的导通性正常。

c.将车辆挂至 D 挡，车辆正常应解除 P 挡，此时检查车辆 P 挡电动机控制器 5 号针脚为拉低，确认 P 挡电动机继电器已经吸合，测量 P 挡电动机 2 号针脚，有 12V 以上电源。

d.根据以上检查，P 挡电动机控制器电源、搭铁正常，但电动机没有动作，原因：P 挡电动机控制器内部故障或者电动机本身故障。

③更换 P 挡电动机控制器，故障排除。

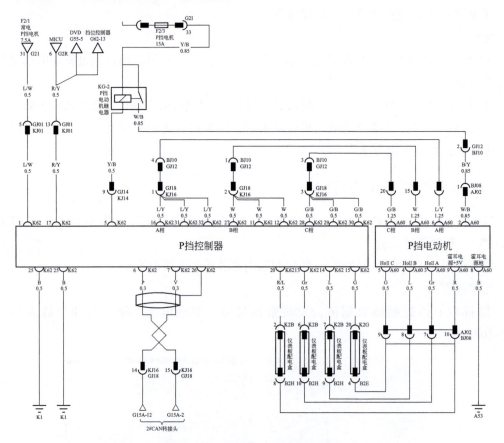

图 5-106　P 挡电动机控制电路图

维修小结

P 挡解锁条件：踩下制动踏板；驱动电动机控制器接收到制动信号及相应挡位信号。

第6章

Chapter 6

底盘故障维修

6.1 制动系统故障维修

6.1.1 制动系统概述

新能源汽车制动系统与传统燃油汽车制动系统的区别不大,主要不同的地方是在传统汽车液压制动系统基础上增加了电动真空助力系统,以及采用制动能量回收模式。以宝马i3电动汽车为例,其制动系统组成部件如图6-1所示。

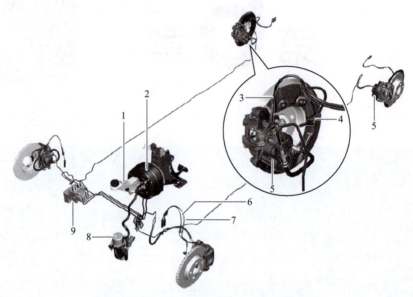

图6-1 电动汽车制动系统部件(宝马i3)

1—制动液补液罐;2—制动助力器;3—后桥制动摩擦片磨损传感器;4—后桥车轮转速传感器;
5—电动机械式驻车制动器执行机构;6—前桥制动摩擦片磨损传感器;7—前桥车轮转速传感器;
8—电动真空泵;9—动态稳定控制系统(DSC)

宝马i3通过制动助力器(4)可为制动踏板(3)踏板力提供支持。制动助力器(4)所需真空由一个电动真空泵(6)根据需要提供。为了确保随时能够提供充足制动助力,在制动助力器(4)上装有一个制动真空压力传感器(5),用于监控所提供的真空,见图6-2。

制动真空压力传感器(5)采用差压传感器设计,相对于当前大气压力测量制动助力器(4)内的当前真空压力。传感器依据应变仪原理工作。在制动真空压力传感器(5)上带有三个电气接口,即5V供电、接地连接和信号导线。应变仪根据制动助力器(4)内的当前真空压力以不同程度变形。它根据变形情况改变电阻。就是说,真空压力增大时电阻和信号电压减小。

电动机电子装置(EME)(1)分析信号从而根据需要控制电动真空泵(6)。根据需要进行控制可节省能量,从而有助于提高车辆可达里程。出现故障时与动态稳定控制系统(DSC)(7)进行通信。此时电动机电子装置(EME)(1)与动态稳定控制系统(DSC)(7)

之间通过车身域控制器（BDC）（2）进行通信。

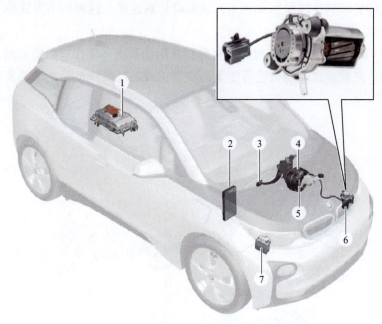

图6-2 制动系统真空生成部件（宝马i3）

1—电动机电子装置（EME）；2—车身域控制器（BDC）；3—制动踏板；4—制动助力器；
5—制动真空压力传感器；6—电动真空泵；7—动态稳定控制系统（DSC）

与一般的混合动力车辆不同，宝马i3不使用制动踏板行程传感器，而是采用了特殊加速踏板操作方式。在松开加速踏板模块（1）时由电动机电子装置（EME）（3）以发电机方式控制电动机（8）。这意味着此时车辆后桥车轮通过半轴（11）驱动电动机（8），电动机此时作为发电机运行。此时产生的电动机（8）扭矩以可感知的减速方式作用于后桥车轮。在此过程中不必操作制动踏板（6）。所产生的能量通过电动机电子装置（EME）（3）存储在高压电池单元（4）内。这样就可以通过加速踏板模块（1）控制能量回收式制动（C）。通过制动踏板只能进行液压制动（A）。制动模式如图6-3所示。

由数字式发动机电气电子系统（EDME）控制单元（2）要求和调节能量回收式制动（C）。如果行驶期间完全松开加速踏板模块（1），数字式发动机电气电子系统（EDME）（2）就会根据行驶状态确定最大能量回收利用。进行最大能量回收利用时以 1.6 m/s^2 进行车辆减速。通过PT-CAN2将要求发送至电动机电子装置（EME）（3）。电动机电子装置EME（3）根据数字式发动机电气电子系统（EDME）（2）要求控制电动机（8）。数字式发动机电气电子系统（EDME）（2）带有一个连接FlexRay数据总线的独立接口（5）。动态稳定控制系统（DSC）（7）位于该总线系统内。动态稳定控制系统（DSC）（7）的任务是识别出不稳定的车辆状态并采取相应措施使车辆准确保持行驶轨迹。在能量回收利用期间识别出不稳定的行驶情况时，动态稳定控制系统（DSC）（7）会通过独立接口（5）发送有关即将出现危险行驶状态的信息。数字式发动机电气电子系统（EDME）（2）确定与危险行驶状态相符的最大能量回收利用并向电动机电子装置(EME)(3)发送要求。电动机电子装置(EME)(3)根据变化的要求减少能量回收利用,从而降低减速度。这种调节方式称为发动机制拖力矩控制(MSR)。

在宝马 i3 汽车上操作制动踏板时,可像传统制动系统一样在双回路制动系统的液压系统内产生压力。在此通过电动机进行能量回收利用或通过操作车轮制动器实现车辆整个制动过程。

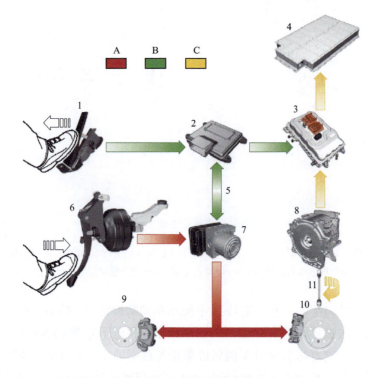

图 6-3 制动控制模式

A—液压制动;B—信号流;C—能量回收式制动
1—加速踏板模块;2—数字式发动机电气电子系统(EDME);3—电动机电子装置(EME);
4—高压电池单元;5—EDME 与 DSC 之间的独立接口;6—带制动装置的制动踏板;
7—动态稳定控制系统(DSC);8—电动机;9—前部车轮制动器;
10—后部车轮制动器;11—半轴

6.1.2 制动系统无助力故障

故障现象 车辆踩制动硬,无制动助力。

故障原因 真空泵、真空罐压力开关、真空泵控制器接插件内端子退针。

检修过程

① 检查真空泵是否正常工作(正常工作时,打开钥匙真空泵会持续工作 10s 左右后停止工作),真空泵安装位置见图 6-4。

② 检查真空泵控制器接插件内部端子是否退针或孔位变大(很多车辆真空泵一直工作,

甚至烧泵现象，都是此处问题）。

③ 检查真空泵控制器是否正常，将真空罐上压力开关接插件断开，将线束端短路，观察真空泵工作情况（工作10s后停止工作则证明真空泵控制器正常，若一直工作或不工作则真空泵控制器失效，需更换）。

图6-4　车辆真空泵安装位置

6.1.3　比亚迪EPB维修释放和初始化方法

维修释放方法

方法一：使用VDS1000。

方法二：使用EPB开关操作完全释放。车辆处于静止状态，车辆上电或启动，踩下制动踏板并持续按下驻车开关10s以上（10s后仪表上黄色警报灯会闪烁），松开开关5s内再次按下驻车开关，EPB释放到装车状态（此时黄色警告灯常亮），松开制动踏板。释放原理如图6-5所示。

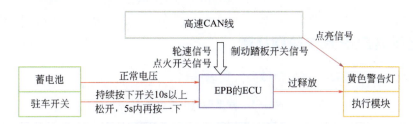

图6-5　EPB开关释放原理

方法三：手动释放，见图6-6。注意：只能顺时针旋转。

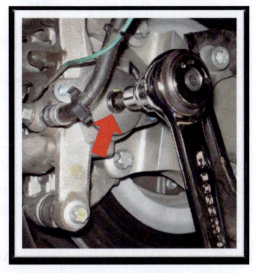

图6-6　手动释放

初始化和标定方法

使用VDS1000，操作流程如图6-7所示。

注意事项

① 在更换 ECU 的情况下需要做坡度标定和初始化，其他情况做初始化即可。

② 在车辆处于水平路面，系统无故障，车辆上 ON 挡电的情况下即可完成标定。

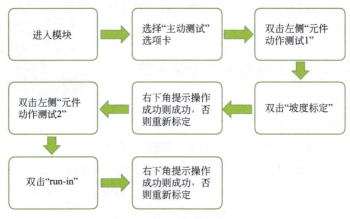

图 6-7　初始化和标定方法

6.1.4　比亚迪 ESP 系统故障排除

（1）异常现象排查参考表（机械类，见表 6-1）

表 6-1　异常现象排查参考表

异常现象	排查范围
制动偏软、距离过长	① 制动管路是否有空气 ② 制动液是否有泄漏 ③ 制动盘是否磨损严重 ④ 真空助力器是否密封良好 ⑤ 制动液含水量是否超标 ⑥ ABS/ESP 里面是否存在空气
制动过硬	① 助力器是否良好 ② 制动管路是否堵塞

提示　决定更换 ABS/ESP 液压控制总成前必须完成以下验证步骤：

① 动态自检　有些故障在被排除之后（如轮速传感器信号不稳定、泵马达故障）重新点火，警告灯并不会熄灭，只有在汽车车速到约 30km/h 时，系统通过动态自检后才会熄灭。

② 交叉验证　ABS/ESP 拆下来装到另外一台使用相同型号 ABS/ESP 的没有故障的车上，不用装接油管，只需要装接上 ABS/ESP 线束插接器。将汽车重新点火并行驶起来，让 ABS/ESP 进行动态自检，汽车速度不低于 30km/h。

（2）异常现象排查参考表（电器类，见表6-2）

表6-2　异常现象排查参考表

异常 部件 警告灯	轮速传感器异常		转角传感器异常	ABS/ESP液压单元		
	2个以下异常（含2个）	2个以上异常		电磁阀异常	泵马达异常	阀继电器异常
ABS报警灯点亮	① 线路是否存在开路、短路（可借助ED400）② 传感器与齿圈之间的气隙及齿圈安装轴承是否正常（0.2～1.2mm）③ 检查车辆轮胎尺寸型是否为同一型号	① 线路是否存在开路、短路（可借助ED400）② 传感器与齿圈之间的气隙及齿圈安装轴承是否正常（0.2～1.2mm）③ 是否有3个以上轮速传感器存在异常	① 转角是否大于780º（左、右），转角变化是否大于40º/20ms ② 传感器供电、连接状况 ③ 是否存在电磁干扰 ④ 是否已经标定或根据需要已经重新标定（调整前轮定位后，更换SAS、ESP需要标定）	① 电磁阀是否对电源或地短路、开路 ② ABS/ESP模块是否损坏	① 搭铁是否良好 ② 泵马达熔断器是否烧毁 ③ 泵马达或泵马达继电器是否存在异常	① 电磁阀熔断器是否烧毁 ② 阀继电器是否对电源或地短路、开路 ③ 阀继电器自身是否良好
EBD报警灯点亮						
ESP报警灯点亮						

（3）维修注意事项

① ESP 液压单元总成只能整体更换，不能进行拆检或部分更换/互换。对经过分解后的 ESP 液压单元总成不保修，对所造成的不良后果由操作方负全责。

② 液压单元在跌落后不可继续使用：可能导致马达磁铁碎裂、ECU 电路损伤等。

③ 液压单元（干式）自制造日期起满 1 年，液压单元（湿式）满 5 年后不可再直接装车使用，需返回制造商处进行检测。

④ 确保车辆上只安装推荐尺寸的轮胎（包括小备胎）。同轴的花纹样式和深度必须一样。

⑤ 在加装 GPS、防盗器、自动离合器等精品时，须考量对 ESP 的电子干扰。

⑥ 禁止带电插拔 ESP ECU 传感器。

第 6 章　底盘故障维修

⑦更换ESP总成以后，必须对制动管路进行排气。

⑧ESP线束须良好接地，线束的裸露端涂上密封胶，并采用热缩管封套。

(4) ESP的标定

①需要进行信号标定的情况。在拆装转向管柱、时钟弹簧、转向角传感器、机械式转向器、ABS/ESP液压控制单元时，须对车辆ESP系统重新标定。不标定则可能会导致ESP系统显示故障。

②标定注意事项。

a.作业前，将车辆静止停放在水平地面上（车辆整体前后角度、左右角度不能超过±0.57°）。

b.ESP液压单元与支架的最大倾斜角必须在允许的安装公差内（≤±5°）。

c.启动按钮处于ON挡，但不启动车辆。

d.胎压必须正常，车辆不超载，车内最好不坐人。如坐人，最多主驾座椅上坐一人，但人不能乱动引起车辆或方向盘晃动。

e.作业时，车子不能受到明显的震动干扰，如开关车门、行李厢与前引擎盖等。

f.若在第3、4步作业时，出现"标定不成功"的字样，请按以下步骤进行排查。

• ESP液压控制单元、安装支架、转角传感器是否安装在允许的公差范围内。

• ESP液压控制单元、转角传感器线路连接是否正常。

g.单独更换或拆装方向盘转角传感器、时钟弹簧和管柱时，则只需要对方向盘转角传感器进行标定即可。

③标定流程。

a.前轮朝正前方向，且保证转向盘居中。

b.将VDS1000接入诊断插口上，进入ESP诊断界面。

c.选择"标定"选项卡，进入界面后选择"偏航率传感器标定"，出现"标定成功"字样即可。

d.再选择"转角传感器标定"，出现"标定成功"字样即可。

e.在ESP诊断界面内，选择"清除故障码"，退电后重新上ON挡电，进入ESP诊断系统并读取"系统故障码"，如显示"系统无故障"，则表明系统标定完成。

④ESP的其他设定。

a.因ESP防打滑功能，在车辆过检测线时会起作用。为不影响车辆年检，在过检测线时，请提前关闭ESP功能，待检测合格后再重新开启。

b.车辆行驶中，若出现单个车轮陷入泥坑内，ESP系统中TCS功能—防止驱动轮打滑功能会起作用。此时可关闭ESP功能，待车辆驶出后再开启。

6.1.5 比亚迪制动系统电动真空泵故障分析

(1) 真空泵启停条件

①车速<60km/h：真空度低于60时启动，达到75时关闭。

② 车速 ≥ 60km/h：真空度低于 70 时启动，达到 75 时关闭。

(2) 异常模式判断

① 外围器件故障。

a. 无脚刹且真空泵处于工作状态，5s 内真空度无变化，则判断为真空泵系统失效。

b. 有脚刹且真空泵处于工作状态，10s 内真空度无变化，则判断为真空泵系统失效。

② 系统漏气。

a. 严重漏气：在外围器件无故障时，车速 >10km/h，无脚刹，真空泵处于工作状态，满足这个条件 5s 后开始检测真空度，若真空度 <30，则认为系统严重漏气。

b. 一般漏气：若同时满足条件 A 和条件 B（A：真空泵不工作。B：无脚刹信号 1s 后），且检测真空度从 67kPa 下降到 61kPa 时间小于 30s，则判断为一般漏气。

③ 主控 ECU 本身损坏。主控自检 MOS 管是否烧毁。

(3) 异常模式处理

① 若真空泵系统失效或系统严重漏气，则发出严重警告信号，同时进入真空泵控制策略中的异常模式：开启真空泵，泵不受真空度关断条件的限制。

② 若检测真空泵系统一般漏气，则发出一般告警信号，这时仍按真空泵控制策略中的正常模式控制。

③ 报警后期处理。一般报警和严重报警都执行断电后重新检测的原则，若重新检测后发现无同类故障，则取消报警并把前次报警记录在历史故障中。

6.1.6 比亚迪 ESP 失效故障

故障现象 比亚迪唐全景影像的牵引线不会随车摆动，多功能显示屏中的坡度数值不会变动（见图 6-8），定速巡航失效。ESP 功能失效，在半坡中会溜车后退。

故障分析 传感器未标定；转角传感器损坏；相关线路故障；ESP 故障。

检修过程

① 首先用 VDS1000 整车扫描，其他模块无故障，只有 ESP 有故障码，见图 6-9，读取故障码为 U012608（方向盘转角传感器数据被破坏），故障码无法清除。

图 6-8 仪表坡度数值没有变动

图 6-9 ESP 系统故障码

② 考虑到该车出过事故，且之前维修更换了新的转角传感器，可能存在没有标定好的情况，于是重新标定，但无法标定成功。

③ 读取数据流，继电器电压只有6.8V。转向角、偏航率实际数值与正常偏离很大。

④ 怀疑转角传感器故障，再次更换一个新件，但无法排除故障。

⑤ 再次确认转角传感器故障，再次更换新转角传感器，故障码可以清除，ESP也可以标定。路试其他关联故障也消失，故障排除。

6.2 转向系统故障维修

6.2.1 电动助力转向系统介绍

比亚迪唐车型使用电动助力转向器（REPS）（电动机在齿条上，配机械管柱；非同轴式）；该系统是由传感器（扭矩及转角传感器、车速传感器）、控制器（EPS电子控制单元）、执行器（EPS电动机）以及相关机械部件组成，见图6-10。

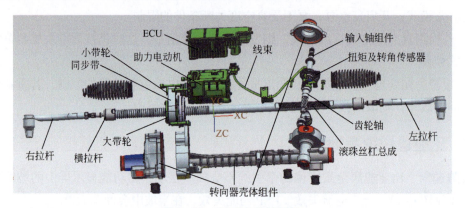

图6-10　REPS系统部件

汽车转向时，扭矩及转角传感器把检测到的度信号大小、方向经处理后传给EPS电子控制单元，EPS电子控制单元同时接收车速传感器检测到的信号，然后根据车速传感器和扭矩及转角传感器的信号决定电动机旋转方向和助力扭矩的大小。同时电流传感器检测电路的电流，对驱动电路实施监控，最后由驱动电路驱动电动机工作，实施助力转向。其工作原理如图6-11所示。

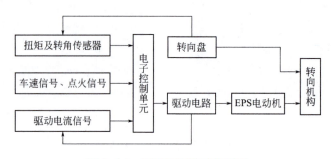

图6-11　REPS系统工作原理

6.2.2　转向扭矩与转角信号标定方法

需要标定扭矩信号和转角的情况：

① 车辆总装下线四轮定位后需要进行扭矩信号标。

② 电动助力转向器带横拉杆总成更换后需进行扭矩、转角标定。

③ 转向盘、万向节、转向管柱被拆卸或更换后，需进行四轮定位时，要进行转角信号标定。

标定注意事项

① 转角信号未标定前，禁止进行遥控驾驶操作，否则可能会引起严重损坏故障。

② 转角信号和扭矩标定前，转向盘和车轮必须处于中间位置，并且转向盘不受任何外力作用（包括不能手扶转向盘）。

③ 标定前，车辆没有任何支撑，四轮自由放置在水平地面上。

④ 标定时，不要晃动车身、开闭车门等。

⑤ ON 挡电工况下才能进行标定。

⑥ 拆装过管柱 ECU 或转角传感器，也需对这两个系统进行标定。

标定流程如图 6-12 所示。

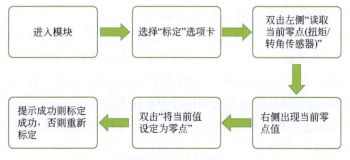

图 6-12　标定流程

6.2.3　REPS 系统数据流分析

REPS 系统带有主动回正控制功能及遥控驾驶功能，经过拆换后，需重新进行车辆四轮定位，并标定扭矩转角信号，同时标定 ESP 转角信号，标定以后重新上 ON 挡电清除残留故障码。

当 REPS 系统发生故障时，用 VDS1000 读取故障代码，根据故障码定义进行检修。

一般包含 ECU 故障、扭矩及转角传感器故障、电动机温度高、电动机过流、电源电压低、电源电压供电线路类故障以及模块通信故障；通过故障码定义和相关的电路图检修；也可以根据具体的数据流对比当前数据是否正常，如图 6-13 所示。

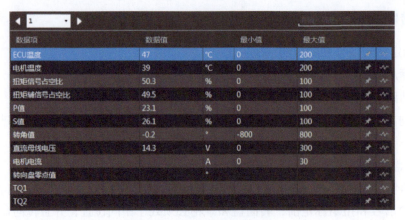

图 6-13　REPS 系统数据流

6.2.4　REPS 电动转向助力维修

（1）维修注意事项

① 避免撞击电动助力转向器总成，特别是传感器、EPS 电子控制单元、EPS 电动机和减速机构。如果电动助力转向器总成跌落或遭受严重冲击，需要更换一个新的总成。

② 移动电动助力转向器总成时，请勿拉拽线束。

③ 在从转向器上断开转向管柱或者中间轴之前，车轮应该保持在正前方向，车辆处于断电状态，否则，会导致转向管柱上的时钟弹簧偏离中心位置，从而损坏时钟弹簧。

④ 断开转向管柱或者中间轴之前，车辆处于断电状态。断开上述部件后，不要移动车轮。不遵循这些程序会使某些部件在安装过程中定位不准。

⑤ 转向盘打到极限位置的持续时间不要超过 5s，否则可能会损坏助力电动机。

（2）一般故障检修（见表 6-3）

表 6-3　一般故障检修

症状	可能原因
转向沉重	① 轮胎（充气不当） ② 前轮定位（不正确） ③ 转向节（磨损） ④ 悬架摆臂球头节（磨损） ⑤ 转向管柱总成（有故障） ⑥ 电动助力转向器总成（有故障） ⑦ EPS 控制单元
游隙过大	① 转向节（磨损） ② 中间轴、滑动节叉（磨损） ③ 转向器（有故障）
异常噪声	① 减速机构（磨损） ② 转向节（磨损） ③ 电动助力转向器总成（有故障）

续表

症状	可能原因
回位不足	① 轮胎（充气不当） ② 前轮定位（不正确） ③ 转向管柱（弯曲） ④ 电动助力转向器总成（有故障）
转向盘抖动	① 电动助力转向器总成（有故障） ② 转向管柱总成（有故障）

6.2.5 电动转向系统助力消失故障

故障现象　比亚迪唐车辆正常行驶中躲避前方障碍物，打方向时突然没有助力，在低速转弯时转向打到一半时突然没有助力，但是没有助力时用力左右转动转向盘就有助力了。

故障分析　电动机接插件松动；系统软件是否有升级项目；电动机故障；供电电路虚接或短路；搭铁不良。

检修过程

① 首先，举升车辆查看接插件是否松动或脱落，特别是电动机和 ECU 接插件，经检查接插件正常无故障。

② 然后用 VDS1000 检查是否有关于电动机的升级更新项目，在扫描后发现电子转向系统有 3 处故障码：扭矩传感器故障；转角信号故障；电动机过流故障，见图 6-14。

图 6-14　系统故障码显示

③ 分析这三个故障的共同点。从第三个故障看应该是搭铁不良，通过查询电路图发现这三个故障是有交集的，找到电动机搭铁点发现螺丝处有电烤漆引起搭铁不良，打磨处理装车试车，故障依旧。

④ 再次读故障码发现电动机过流故障依然存在，分析为电动机故障，但是再次拆卸检查搭铁点，见图 6-15，发现在搭铁点焊接点上有突起点，再看看线卡上的附着面上只有一个点，就是搭铁不良。

⑤ 再次打磨搭铁点，把凸点打磨平，再次装车试车，故障消失。

图6-15　检查搭铁点

点评　按照维修手册指导处理搭铁点故障，需同时更换 R-EPS 搭铁螺母。

第 7 章

Chapter 7

空调系统维修

7.1 空调系统概述

7.1.1 电动汽车制冷系统

电动汽车空调制冷系统不同于常规燃油车，制冷系统的动力源是电动空调压缩机。电动空调系统组成与常规燃油车型类似，主要由 HVAC 总成、空调风管总成、空调管路总成、电动压缩机、冷凝器、空调控制面板及其相关传感器、空调驱动器等组成。其中空调驱动器与 DC/DC 布置于同一壳体中，位于前舱左侧，见图 7-1。

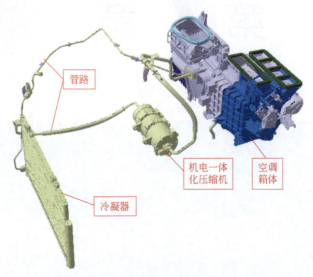

图 7-1 空调制冷系统组成部件（比亚迪 e6）

传统燃油车辆上，制冷压缩机靠皮带轮通过发动机曲轴带动转动，其转速只能被动的通过发动机转速来调节，空调系统无法主动的对压缩机转速进行调节。比亚迪 e6 先行者车型，空调系统的压缩机为电动压缩机，驱动靠高压电驱动，转速可被系统主动的调节。其调节范围在 0～4000rpm。这样保证了良好的制冷效果，同时也节省了电能。

空调不制冷排查思路：传统部件则按传统排查思路排查，先确认冷媒压力是否正常、排查管路冷媒是否泄漏、排查电子风扇是否故障、排查相关继电器熔丝是否故障等。高压系统则排查电动压缩机供电是否正常（排查时需做好绝缘防护）。

7.1.2 电动汽车加热系统

传统燃油车型制热方面，通过发动机冷却水温的热量来制热，其局限在发动机启动、暖机阶段制热效果不好。

以广汽 GA3S PHEV 车型为例，暖风系统采用发动机及 PTC 加热器（最大功率 5000kW）作为供热原件。根据车辆的使用工况及用户需求，自动选择发动机或者 PTC

供暖。PTC加热器通过发热原件将水加热，将电能转化为热能。PTC加热器安装位置见图7-2。

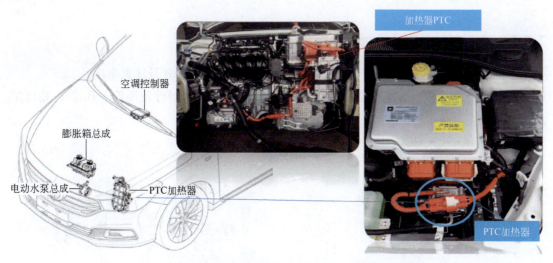

图7-2　PTC加热器安装位置（广汽GA3S PHEV）

说明　　PTC加热器、电动压缩机为新能源汽车的耗电部件，会消耗动力电池电能，长期开启时会影响纯电行驶里程。建议使用时适度开启，避免动力电池电量消耗过快。

冷却液在PTC加热器中加热后，由暖风水管流入空调暖风水箱中，通过鼓风机使车厢内冷空气与暖风水箱进行热交换，之后热风从风道进入乘客舱，从而起到采暖、除霜、除雾的作用。PTC系统有发动机和PTC两个供热元件，根据系统的需求进行切换，保证能够满足用户需求，同时考虑效率最佳。PTC工作原理图如图7-3所示。

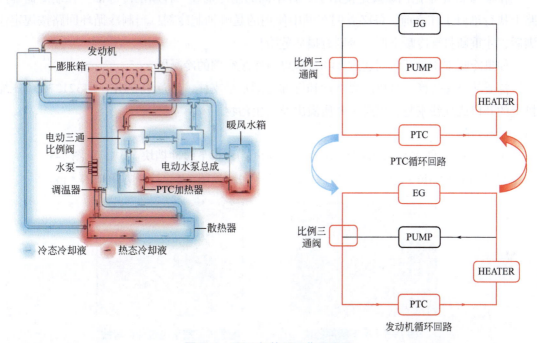

图7-3　PTC加热器工作原理图

7.2 空调系统高压部件拆装

7.2.1 电动空调压缩机拆装

下面以宝马 i3 电动汽车为例图解电动空调压缩机的拆装步骤及注意事项。

需要的专用工具　装配楔 009030（用于拆卸 O 形圈、密封件及饰件）和塞子 321270，见图 7-4。

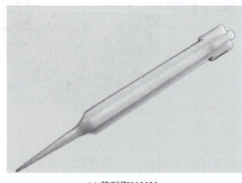
(a) 装配楔 009030

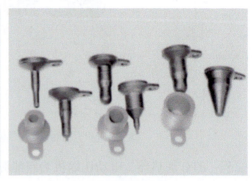
(b) 防护塞子 321270

图 7-4　拆装所用工具

拆装注意事项　高压系统存在生命危险！工作开始之前务必将高压系统切换至无电压。制冷循环回路处在高压下！避免接触制冷剂和冷冻油。

在宝马 i3 中根据国家规定使用了 2 种不同的制冷剂和一种新的冷冻油。在制冷循环回路上执行维修工作之前，务必查明车辆中使用的是哪种制冷剂！当制冷循环回路按规定注满后，才重新打开冷暖空调。否则有损坏危险！

如果冷暖空调敞开时间超过 24h，应更新冷暖空调的冷凝器。

需要的准备工作　排放冷暖空调和拆卸左侧水平支柱，注意用专用工具 321270 将压缩机上的开口或导线密封，以避免介质溢出及产生污物。

拆卸步骤

① 生产时间自 2014 年 07 月起：松开螺栓（a），拆下缓冲挡块（b），见图 7-5。
② 松开螺栓 M6（a）。取下电位补偿导线（b），见图 7-6。拧紧力矩 19N·m。

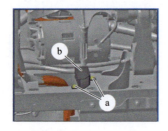

图 7-5　拆下缓冲挡块

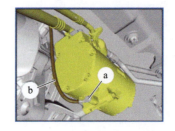

图 7-6　取下电位补偿导线

③松开压缩机（b）上的螺栓 M6（a），见图 7-7。拧紧力矩 7.6N·m。安装说明：不要忘记去耦环。

④松开插头连接（a），见图 7-8。

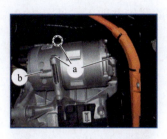
图 7-7　松开压缩机螺栓

图 7-8　松开插头连接

⑤松开高压线插头连接（a），见图 7-9。

⑥固定住压缩机（a）以防脱落。松开螺栓 M8（b）。拧紧力矩 19N·m。拆下制冷剂管路（c），见图 7-10。

安装说明　更换密封环。为了无损装配密封环，请使用专用工具 009030。

图 7-9　松开高压线插头连接

图 7-10　拆下制冷剂管路

⑦在更新时，调整新压缩机内的制冷剂油量。

⑧装配完成之后，对冷暖空调抽真空和加注制冷剂。

7.2.2　电加热器拆装

需要的专用工具　钳子 172050（包括松脱工具 1、弯曲型钳子 2 与平直型钳子 3）和塞子 321270（用于封闭空调、制动与转向系统液压管路），如图 7-11 所示。

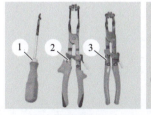
(a) 钳子172050

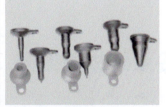
(b) 塞子321270

图 7-11　拆装所需专用工具

注意事项　工作开始之前务必断开高压系统电压；松开冷却液管时会有冷却液流出；

准备好容器盛放并妥善处理排出的冷却液。

准备工作　拆除后备厢槽与断开负极蓄电池导线。

① 拆卸空气导管（a），见图7-12。

② 松开插头连接（a），将冷却液管（b）解除联锁并取下，见图7-13。

图7-12　拆卸空气导管　　　　　图7-13　松开插头连接

③ 松开插头连接（a），松开螺栓M6（b），见图7-14，拧紧力矩2.6N·m。

④ 软管夹圈（a）借助专用工具172050松开并拔下冷却液管（b），见图7-15。松开螺母M6（c）并拆下电位补偿导线。松开螺栓M6（d）。拧紧力矩2.6N·m。按照箭头方向取下电气加热装置（e）。拧紧力矩4N·m。

⑤ 小心吹洗电气加热装置，清除残余冷却液。电气加热装置上的开口或管路借助专用工具32 1 270进行封堵，避免介质溢出和污染。

⑥ 在更新时，软管夹圈（a）借助专用工具17 2 050松开并拔下冷却液管（b）。松开螺栓（c和d），拆下支架（e），见图7-16。

  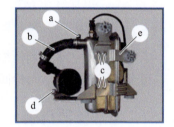

图7-14　松开插头连接　　　　图7-15　取下冷却液管　　　　图7-16　拆下安装支架

⑦ 装配完成之后，对冷却系统排气和加注冷却液。注意不允许在ECO-PRO模式下加注和排气！

7.3　制冷系统故障维修

7.3.1　空调不制冷排查方法

以江铃E200/E200S车型为例，排查流程如下。

① 开启电源。取车钥匙将钥匙插入点火锁芯，将钥匙拧到ON挡，仪表显示亮，见

图 7-17，然后再启动车辆。

图 7-17　开启车辆电源

② 启动空调（见图 7-18）。

a. 手动空调。将中间旋钮旋至 1～4 挡任意一挡，开启空调功能。

b. 自动空调。通过按键中央显示屏中 ON/OFF 开启空调功能。

图 7-18　启动空调功能

③ 开启制冷功能（见图 7-19）。

a. 手动空调。通过按下 A/C 功能键，A/C 键亮灯，制冷功能开启。

b. 自动空调。通过按 A/C 功能键，显示屏中 A/C 显示亮起。

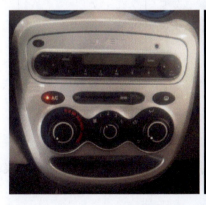 

图 7-19　开启制冷功能

④ 调节温度（见图 7-20）。

a. 手动空调。调节左边旋钮至最左侧，将温度调节至最低。

b. 自动空调。按图 7-19 所示温度调节箭头，将温度调节至最低（空调启动制冷作用，显示屏"雪花"标识亮起）。

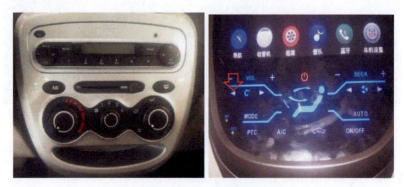

图 7-20　调节空调温度

⑤ 开启后，冷凝风扇以及压缩机开始启动工作，检查车辆是否制冷，制冷持续 5min 无异常，检查完毕。

⑥ 若不制冷，检查空调管路压力是否正常，确认冷媒加注正常。

⑦ 排除冷媒影响后，开启空调检查压缩机输入电压是否为 144V。

⑧ 排除电路故障后，确认压缩机本体故障，更换压缩机（压缩机低压端检查如图 7-21 所示）。

说明　开启空调制冷功能确保调节温度低于环境温度；更换压缩机后重新加注冷媒，冷媒加注量为（430±10）g。

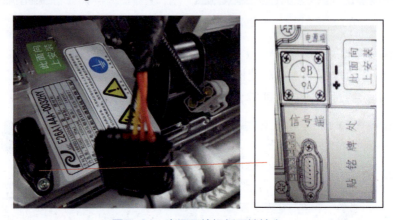

图 7-21　空调压缩机低压端检查

压缩机低压连接端子定义如下。

P1 针脚电压为 12V+，测量此针脚电压时，钥匙拧到 ON 挡，万用表负表笔放在车身搭铁上测量。

P2 针脚电压为 12V+，测量此电压时，钥匙拧到 ON 挡，把空调开关打开（高配的中控屏上 AC 指示灯一定要显示亮），万用表负表笔放在车身搭铁上测量。

P3 为调速信号及调节压缩机转速信号线。

P4 为 12V —，测量此针脚时，万用表打到导通挡，负表笔放在车身搭铁上，此针脚与车身地导通。

7.3.2 空调系统高压电路故障

故障现象　江淮新能源车辆无法启动，系统故障灯点亮，上位机读取故障码为 P301B。

故障原因　车辆压缩机反馈高压值与系统总压不符合，导致车辆采取保护措施，无法行驶。

排除方法

① 压缩机高压接插件未接插到位导致，重新插紧接插件。

② 高压接线盒内空调熔丝熔断，更换熔丝。

③ 压缩机自身故障。

见图 7-22。

图 7-22　空调系统高压电路故障检查

7.3.3 空调压缩机排查流程

检查前提　拔下压缩机高压航插与低压航插。

检查步骤

① 检查高低压绝缘（绝缘表调到 500V 挡，正极接到压缩机高压接插件其中一端，负极接触壳体），测量值为大于等于 550MΩ，若绝缘值为 0 表示压缩机故障，建议更换压缩机，如图 7-23 所示。

② 检查高压接插件正负极是否短路，不短路表示正常，若短路表示压缩机电路损坏，建议更换压缩机，如图 7-24 所示。如正常请参照步骤③。

图 7-23　测量绝缘值

图 7-24　检查高压正负极是否短路

③ 检查高低接插件正负极之间电阻值（万用表调到 20M，万用表正负极接触高压端子），应有一个缓慢充电变化的过程，如电阻值大于等于 10Ω 表示正常，如图 7-25 所示。

图 7-25 检查正负极间电阻值

若以上测试结果均正常，基本上可确认压缩机完好，建议排查整车其他部件。

7.3.4 EV 模式下空调不工作故障

故障现象　比亚迪秦 PHEV 车辆上 OK 电后，在 EV 模式下，开启空调后，发动机自动启动，机械压缩机工作。

故障分析　因打开空调后，机械压缩机可以正常工作，可以排除空调管路系统、空调面板按键、温度传感器及压力传感器等故障，分析主要和电动压缩机高压部分及控制部分有关，分析原因如下：高压配电箱故障；空调控制器故障；空调配电盒故障；电动压缩机及其线路故障。

检修过程

① 车辆上 OK 电后，诊断仪读取电动压缩机及 PTC 水加热器模块高压输入为 500V，说明高压配电箱及空调配电盒正常。

② 断开电动压缩机 A56 接插件，测量 A56 接插件 1 脚电压为 13V，正常；测量 A56 接插件的 2 脚，搭铁正常。

③ 测量电动压缩机 A56 接插件的 4 脚、5 脚 CAN 线，都为 2.5V 电压，正常。

④ 断开 PTC 加热器 B57 接插件，测量 B57 接插件 1 脚电压为 13V，正常；测量 B57 接插件的 6 脚，搭铁正常。

⑤ 测量 PTC 加热器接插件的 4 脚、5 脚 CAN 线，都为 2.5V 电压，正常。

⑥ 因电动压缩机及 PTC 加热器接插件线路高压及低压都正常，怀疑电动压缩机或 PTC 加热器故障。

故障排除　更换电动压缩机后，故障排除。

维修小结　秦空调系统在传统机械压缩机制冷及发动机冷却液制热的基础上，增加了一套不依靠发动机工作即可实现的制冷和制热系统。

秦在 EV 模式和 HEV 模式下，开启空调时，优先使用电动压缩机及 PTC 加热器加热，只有在高压电池电量不足或高压空调系统故障时，空调控制器经网关和驱动电动机控制器通信，并由驱动电动机控制器和发动机电脑进行通信，启动发动机，利用传统发动机带动机械压缩机及冷却液的循环实现制冷及制热。

秦空调控制系统的核心为空调控制器，空调控制器主要接收空调面板等操作面板的按键指令（主要为 CAN 线传递），同时接收传统的温度及压力信号，并和电动压缩机及空调 PTC 加热器共同构成空调内部 CAN 网络，空调控制器接收并检测以上 CAN 信号及传感器信号后，会根据检测的信号情况进行空调冷风或暖风的开启及关闭，并根据实际情况判断是否启动发动机。空调系统工作原理图如图 7-26 所示。

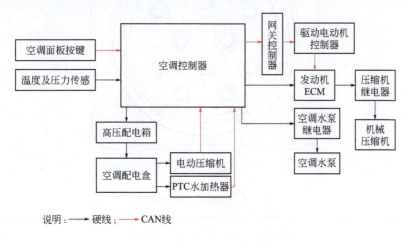

图 7-26　空调控制系统工作原理

7.4　加热系统故障维修

7.4.1　PTC 继电器排查流程

以江铃新能源车型为例，检测"BDU+"和多芯连接器的"5/6"号孔位之间是否导通，如图 7-27 所示。如果导通，则为继电器粘连，其中如"5"号孔位与"BDU+"导通，则为"PTC1"继电器粘连；如"6"号孔位与"BDU+"导通，则为"PTC2"继电器粘连。

图 7-27　导通检测

BDU 低压接插件连接端子针脚排列如图 7-28 所示，针脚定义见表 7-1。

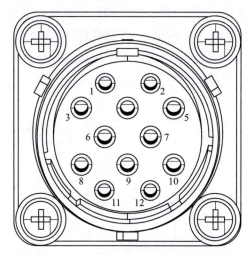

图7-28　BDU低压接插件连接端子针脚排列

表7-1　连接端子针脚定义

端子编号	定义	端子编号	定义
1	空	7	空
2	空	8	一体式空调压缩机−
3	空	9	电加热器1−
4	一体式空调压缩机+	10	电加热器2−
5	电加热器1+	11	空
6	电加热器2+	12	空

7.4.2　加热系统维修保养排气说明

以比亚迪宋 DM 车型为例，在拆装空调采暖系统回路中的 PTC 电动水泵、PTC 水加热器、暖风水管、空调箱体和动力总成等零部件后，需对发动机冷却系统进行加注适量的、规定的冷却液，且需按照如下步骤进行系统排气：

① 整车上 OK 挡电，将挡位挂至 N 挡，切换至 HEV 模式中的 Sport 模式启动发动机。

② 打开空调，将空调温度设置到高（Hi），风量挡位建议设置 4 挡风。

③ 将加速踏板踩下，按"5min 2500 转左右发动机转速"→"1min 原地怠速"的周期进行排气。两次循环过后，在发动机怠速工况下，用手感受出风口的风温。若风温出现明显的下降趋势，则继续按上述第 3 点的排气方法进行排气。若风温不出现明显的下降趋势后切换至 EV 模式，再次用手感受出风温度（感受时间不能太短，建议大于 3min），若风温无明显的下降，则排气完成；若风温有明显的下降，需再次切换至 HEV 模式按上述第 3 点进行排气。

④ 排气完成后，检测冷却系统是否漏液。

⑤ 排气完成后，观察前舱发动机冷却液补液壶内的液位，若液位低于"max"线，则需要进行补液，让发动机冷却液补液壶中的液位接近"max"线。

注：上述第 3 点可以适当地调整每次排气踩转速和怠速的频率，如 1min 2500r，30s 怠速。

7.4.3　PTC 功能不正常检修步骤

下面以比亚迪宋 DM 车型为例，讲解 PTC 功能异常的检修方法。

① 检查高压互锁信号。断开 B19（B）接插件，见图 7-29，检查线束端电阻，如异常，则更换线束；正常，则进入第②步。

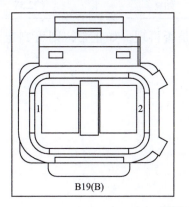

端子	线色	条件	正常情况
B19（B）-1-B28-11	L	始终	小于1Ω
B19（B）-2-K46-5	Gr	始终	小于1Ω

图 7-29　B19（B）接插件

② 检查保险。用万用表检查 F2/32 保险是否导通，如异常，则更换保险；如正常，则进入第③步。

③ 检查 PTC 电源与接地。断开接插件 B19（A），见图 7-30，检查对地电压，如异常，则检查电源线束；如正常，则进入第④步。

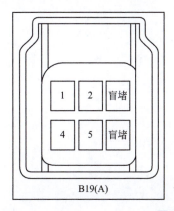

端子	线色	条件	正常情况
B19（A）-1-车身地	R/G	ON挡	11-14V
B19（A）-2-车身地	B	始终	小于1V

图 7-30　B19（A）接插件

④ 检查线束。断开接插件 B19（A），测线束阻值，如异常，则更换线束；如正常，则进入第⑤步，见表 7-2。

表7-2　检查线束

端子	线色	条件	正常情况
B19（A）-2-车身地	B	始终	小于1Ω

⑤ 检查 CAN 通信。断开接插件 B19（A），检查电压值是否正常，如异常，则检查 CAN 线束；正常，则进入第⑥步，见表 7-3。

表7-3　检查CAN通信

端子	线色	条件	正常情况
B19（A）-4-车身地	P	始终	约2.5V
B19（A）-5-车身地	V	始终	约2.5V

⑥ 检查空调 ECU。更换空调 ECU，检查故障是否再现，如正常，则可判定为空调 ECU 故障；如异常，则更换 PTC 总成。

第 8 章

Chapter 8

CAN 总线与 VCU 系统维修

8.1 CAN总线维修

8.1.1 CAN总线检测与维修

此处以比亚迪唐车型为例讲解CAN总线的故障维修方法。

(1) 故障形式

CAN总线故障形式主要有CAN-High和CAN-Low短路、CAN-High对正极短路、CAN-High对地短路、CAN-High断路、CAN-Low对正极短路、CAN-Low对地短路和CAN-Low断路七种故障。

(2) 故障代码

CAN总线使用三种类型的DTC，见表8-1。

表8-1 CAN总线使用的三种类型的DTC

DTC类型	功能说明
内部错误DTC	各ECU执行内部检查，如果其中一个发现内部ECU问题，则它会提出一个内部错误DTC，指示该ECU需要更换
失去通信DTC	失去通信DTC（和总线关闭DTC）是在ECU之间的通信出现问题时提出的，问题可能出在连接、导线或ECU本身上
信号错误DTC	各ECU对某些输入回路执行诊断测试，以确定此回路功能是否正常（无断路或短路）。如果一个回路未通过诊断测试，则会相应设置一个DTC（注意：并非所有输入都检测是否有错误）

(3) 诊断方法

CAN线是否正常，一般可以通过在诊断口测量CAN-High和CAN-Low的电阻来判断。

① 如果通过测量，电阻值在60～70Ω之间，则CAN主线可以正常通信。

② 如果无限大，表明断路，可继续拆下终端电阻模块，单独测量CAN-High和CAN-Low的电阻，应为120Ω左右。

③ 如果无限小，表明短路，可断开CAN各模块，做初步判定。

④ CAN-High和CAN-Low的对地电阻：若其中一根与车身导通，说明该线短路。

⑤ 测量CAN-High和CAN-Low的对地电压。正常情况下，应该测试CAN网隐性电压。CAN-High/Low的对地电压在2.5V，如果为0，表明对地短路；如果大于正常值，则可能对电源短路。

(4) 波形测量

运用示波器可以同时测量CAN-High和CAN-Low的波形，示波器的两个通道，分别接入CAN-High和CAN-Low线路，这样在同一界面下同时显示CAN-High和CAN-Low的同步波形，能很直观的分析系统出现哪些问题。

（5）电阻测量

总线终端电阻可以用万用表进行测量：

① 拆下蓄电池的电源线。

② 等待约5min，直到所有的电容器充分放电。

③ 连接万用表至DLC接口测量电阻值。

④ 将网关CAN插头拔下，检测总的阻值是否发生变化。

⑤ 把网关CAN插头插好，再将终端电阻模块CAN插头拔下。

⑥ 检测总的阻值是否发生变化，并分析测量结果。

由于带有终端电阻的两个控制单元是相连的，所以两个终端电阻是并联的。当测量的结果为每一个终端电阻大约120Ω，而总值为60Ω时，可以判断连接电阻是正常的，但是终端电阻不一定就是120Ω，其相应的阻值依赖于总线的结构。如果在总的阻值测量后，将一个带有终端电阻的控制单元插头拔下，显示阻值发生变化，这是测量的一个控制单元的终端电阻阻值。当在一个带有终端电阻的控制单元插头拔下后测量的阻值没有发生变化，则说明系统中存在问题，可能是被拔下的控制单元终端电阻损坏或是CAN-BUS出现断路。如果在拔下控制单元后显示的阻值变化无穷大，则可能是连接中的控制单元终端电阻损坏，或是到该控制单元的CAN-BUS出现故障。

（6）电压测量（见表8-2）

表8-2　电压测量

连接端子	线色	测试条件	正常值
CAN-H-车身地	P	始终	2.5～3.5V
CAN-L-车身地	V	始终	1.5～2.5V

（7）维修说明

① 了解故障车型的多路传输系统特点。

② 检查汽车电源系统是否存在故障，如交流发电机的输出波形是否正常等。

③ 检查汽车多路信息传输系统的链路是否存在故障，采用示波器或汽车专用光纤诊断仪来观察通信数据信号，或采用替换法或采用跨线法进行检测。

④ 如果是节点故障，采用替换法进行检测。

⑤ 如果CAN-BUS导线有破损或断路需接线时，每段接线应小于50mm，每两段接线之间应大于等于100mm；如果需要在中央接点处维修，则严禁打开接点，只允许在距接点100mm以外断开导线；另外，每条CAN-BUS导线长度不应超过5m，否则所传输的脉冲信号会失真。

e6高速网总线的检测如图8-1所示，低速网总线的检测如图8-2所示。

图 8-1　检测高速网总线电压

图 8-2　检测低速网总线电阻

e6 总线节点电压的检测，在车辆上 OK 挡时如图 8-3、图 8-4 所示。

图 8-3　检测 DC/DC CAN 进线电压

图 8-4　检测 DC/DC CAN 出线电压

8.1.2　总线终端电阻的检测

以比亚迪 e6 车型为例，从诊断接口上可以检测到的终端电阻只有 4 个，其余 6 个需要在各个子网检测。诊断口检测电阻值如图 8-5、图 8-6 所示。

图 8-5　高速网 CAN 线检测

图 8-6　低速网 CAN 线检测

总线电压的检测注意事项：不要用交流挡检测，如图 8-7 所示，请使用直流挡检测 CAN 电压，如图 8-8 所示。

图 8-7　交流挡检测结果

图 8-8　直流挡检测结果

8.1.3　CAN 总线故障

故障现象　比亚迪 e6 车辆在正常操作的情况下，车辆无法上电。

检修过程

① 整车处于 ON 挡，把万用表打到电压挡，然后把万用表一端接到诊断口 CAN 总线网络上 CAN-L/CAN-H 引脚上，万用表的另一端接到车身地，见图 8-9。

② 如图 8-10 所示，用万用表读取 CAN 总线网络 CAN-L/CAN-H 的隐性电平为 0、12V 或者其他较大的，偏离 2.5V 的数值。

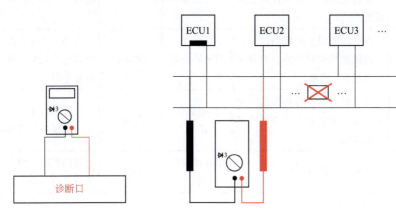

图 8-9　用万用表检测连接方法　　　　图 8-10　测量总线网络电压

③ 以上结果表明 CAN 总线网络是有故障的。一般来说，如果 ECU 上的总线收发器的 CAN-L/CAN-H 引脚接地或者与电源短路，就会造成整个 CAN 总线网络的隐性电平为 0 或者 12V。

排除方法　逐个检查整个 CAN 总线网络上的 ECU 内的收发器的 CAN-L 和 CAN-H 引脚，看是否有 ECU 的收发器的 CAN-L/CAN-H 引脚接地或者与电源短路。

8.2 VCU系统维修

8.2.1 VCU系统概述

车辆控制器（Vehicle Control Unit，VCU），是整个汽车的核心控制部件，它通过硬线或CAN采集电子油门踏板信号、挡位信号、制动踏板信号及其他部件信号，并做出相应判断后，控制下层的各部件控制器的动作，驱动汽车正常行驶。整车控制器所连接到的系统及部件如图8-11所示。

零件名称	缩写	功能	零件名称	缩写	功能
电子控制动力转向系统	EHPS	控制电磁阀的开度，从而满足高、低速时的转向助力要求	电池管理单元	BMS	检测动力电池状态，控制动力电池输入/输出
安全气囊	SRS	被动安全性保护系统，与座椅安全带配合使用，为乘员提供防撞保护	整车控制器	VCU（HCU）	接收整车高压/低压附件信号，对整车进行控制
车身控制系统	BCS	控制ABS/ESP	耦合控制单元	CCU	检查GMC油压/油温，通过控制电磁阀实现离合器吸合/断开
半主动悬架	SAS	通过传感器感知路面状况和车身姿态，改善汽车行驶平顺性和稳定性的一种可控式悬架系统	集成电动机控制器	IPU	控制驱动电动机和发电机
车身控制模块	BCM	设计功能强大的控制模块，实现离散的控制功能，对众多用电器进行控制	直流转换器	DC/DC	将动力电池内高压直流电转化为12V，供低压用电器使用
远程监控系统	TBOX	行车时时上传整车信号至服务器，实现对车辆进行实时动态监控	机电耦合系统	GMC	内置TM、ISG、差减速器，实现整车动力输出
车载诊断系统	OBD	诊断整车故障状态	低压油泵控制器	OPC	辅助控制GMC内部冷却油流动

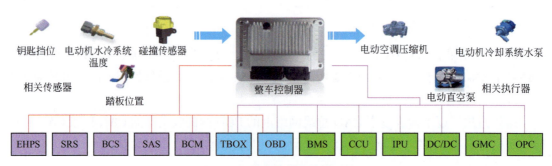

图8-11 整车控制器连接系统

8.2.2　VCU故障分级处理策略

故障处理的主要目的是保证车辆行驶的安全性、可靠性、稳定性。采用分级式故障处理策略，整体处理策略如下。

（1）一级故障：需要切断高压的故障

VCU 接收到 MCU 或 BMS 上传的一级故障，或者 VCU 接收不到 CAN 网络上的全部信号，会报整车一级故障，快速降扭，同时发出切断高压的指令，一级故障必须重新上电才可恢复。

（2）二级故障：禁止车辆行驶的故障

当 VCU 接收到 MCU 或 BMS 的二级故障，或者 VCU 与 BMS、MCU 等控制器出现通信故障，则会报整车二级故障。此时电动机无转矩输出，车辆将不能行驶。二级故障可以实时恢复。

（3）三级故障：降功率的故障

当整车控制器接收到 MCU、BMS 的三级故障，或者 VCU 与 ICU、SRS、AC、MP5 等控制器出现通信故障，则会报整车三级故障，同时将 MCU 的输出扭矩限制到目标值的一半，从而达到限制系统功率输出的目的。三级故障可实时恢复。